ちくま学芸文庫

ハリウッド映画史講義

翳りの歴史のために

蓮實重彦

筑摩書房

目次

本文写真＝川喜多映画記念文化財団ほか

ハリウッド映画史講義

翳りの歴史のために

序章

　これから語られようとしているアメリカ映画の歴史には、ハワード・ホークスも、ジョン・フォードも、ラオール・ウォルシュもほとんど登場しない。キング・ヴィダーやウイリアム・ワイラーやウイリアム・A・ウェルマンはいうにおよばず、ジョージ・キューカーも、ルーベン・マムーリアンも、フランク・キャプラも姿を見せないだろう。「アメリカ映画の父」と呼ばれるデイヴィッド・ウォーク・グリフィスにさえ言及されることはなく、エリッヒ・フォン・シュトロハイムも、セシル・B・デミルも、これから始まる映画史にあってはその圏外に位置するしかないのである。チャールズ・チャップリンやバスター・キートンにもほとんど触れられることはなかろうが、それは、彼らの得意とした「喜劇」を視界から排除しようとする意図からでた姿勢ではもちろんない。また、エルンスト・ルビッチやアルフレッド・ヒッチコックのような監督たちの影がいたって薄いからといって、彼らがヨーロッパ系の監督だという理由からそうなのではない。こうした輝かしい名前のほとんど体系的といってよい不在は、ここに始まろうとしているアメリカ映画の歴史にあって、彼らが厳密な意味で傍系的な役割しか演じることがないからなのである。そうしたアメリカ映画がまぎれもなく存在していながら、その歴史がこれまで充分に語られてこなかったことに対する憤りのようなものに煽られて、以下に続く言葉は綴られることになるだろう。

そこで、まず、断言することにしよう。これから読まれようとしている文章になにがしかの意味があるとするなら、それは、こうした輝かしい名前がどれひとつとして登場することがなくとも、アメリカ映画の歴史は充分に語られうるものだという事実を納得することにつきている。だからといって、この書物の真の目的は、ハリウッドのごく特殊な一面だけに照明をあてようとすることにあるのではない。ここでの主題は、むしろごくありきたりなアメリカ映画の提示にあるとさえいってよい。つまり、あらゆるアメリカ映画が「絢爛豪華」なものではありえないし、また、現実にそうではなかったというごく当たり前な事実の確認から出発したいのだ。かりに、ハリウッドから世界に送り出された映画がいずれも「豪華」な商品だというイメージが広く流通しており、それがある種の現実感をおびていたとしても、そうした美学的な要請の実現を可能にした産業的な構造がはらまざるをえなかった矛盾によって、その対極に「貧困」を生み落としていたのは当然の事態だからである。まずはとりあえず、その事実を明らかにしておく必要があるだろう。

あるいは、こういいかえてもよい。すなわち、あらゆるアメリカ映画を「楽天的」だと断じることは明らかに事実に反している。そればかりか、映画の歴史にあって真に「悲劇的なるもの」は、ことによると、ハリウッドにのみふさわしい概念なのかもしれない。この書物を支えているのは、まさしくそうした予感なのである。実際、一九四〇年代の後半から五〇年代にかけてハリウッドで起こったほどの大がかりで「悲劇的」な撮影所システムの崩壊を、二十世紀の人類は、いまだに他の領域では体験していないといってよい。事実、ほんの十年前ならごく当然と思われていた映画づくりのシステムが、第二次世界大戦の翌朝、映画の都とすら思われていたハリウッドから不意に崩れ始めるなどと予想しえたものなど、誰ひとりとしていなかったはずである。にもかかわらず、事態はそのように進行してしまった。そこで、この神話的な都市がある時期に蒙った決定的ともいえる変容の実態を、ひとまず鮮明な輪郭で視界に浮上させておく必要があるだろう。映画がやがて百年もの歴史を刻もうとしているとき、一九一〇年代の初めから映画にふさわしい都市としておのれを組織してきたハリウッドが、いまなお一貫して同じ機能を演じ続けていると信じることは、いくらなんでも不可能なはずなのである。

以上のような視点に立って、これから、それまでハリウッドと呼ばれていたものが、あるとき、もはやそう呼ばれることの意味をほとんど失うしかなくなった一九五〇年代を中心として、その「変容」の歴史をたどってみようと思う。変化は、なによりもまず、華麗なものだった照明の不意の衰えとして始まったのであり、その意味で、それは「変容」の歴史であると同時に「翳り」の歴史をも描きだすことになるだろう。だが、映画の歴史が、光りと輝きに対する感性によって書かれるというにとどまらず、影と暗さに対する感性によっても書かれうるものだという事実を、人びとはいまだに納得しかねているかにみえる。それゆえ、ここでは、すでに一九三〇年代から素描され始めていた「翳り」の歴史として綴られることになるだろう。

「翳りの歴史のために――「五〇年代作家」を擁護する」と題された第一章では、ホークスの、フォードの、ウォルシュの、あるいはヒッチコックのいかにも強靭な透明さをもはや自分たちのものではないと自覚せざるをえなかった一群の作家たちが、いかにして映画との困難な関係をとり結び、どれほど残酷に映画から引き離されざるをえなかったかをたどりなおしてみることになるだろう。具体的には、そうした作家たちの諦念と、それにもかかわらずたやすくは絶望に行きつくことのなかった彼らの生への執着に視線を注いでみたいのだ。その際、五〇年代のハリウッドをまがりなりにも公式に代表していたジョゼフ・L・マンキーウィッツ、ビリー・ワイルダー、フレッド・ジンネマンといった名前とはいくぶん異なる顔触れが登場することになるだろうが、それは、彼らがことのほか「変容」に敏感だったからにほかならない。そうした作家たちの名前は、いまは記さぬままに話を続けることにする。

第二章は、「絢爛豪華を遠く離れて――「B級映画」をめぐって」と題されており、主題が「B級映画」にあることは一目瞭然である。だが、この言葉で総称される映画のカテゴリーの実態は必ずしも明瞭でない。そこで、ここでは、ハリウッドの華麗さを構造的に支えていた「貧困」なるものの素顔と、それがまがりなりにも果たしえた創造的な役割について論じられることになるだろう。重要なのは、粗製乱造のプログラム・ピクチャーだと安易に誤解されがちなこの「B級」というカテゴリーが、トーキーの成立とともに形成され、五〇年代におけるハリウッドの崩壊とともに消滅するしかなかった歴史的な概念にほかならぬ事実を確かめることにある。「B級映画」の消滅は、ハリウッドの崩壊とあくまで相関的な現象なのである。その点を見逃さずにおくことにしよう。システムとしての撮影所の栄光と悲惨とに視線を注ぎながら、人は、改めてアメリカ映画への親しみをおのれのものとすることができるはずだからである。

「神話都市の廃墟で——「ハリウッド撮影所システム」の崩壊」と題された第三章では、アメリカ映画が五〇年代に体験した悲劇的なできごとの余波ともいうべきものが、八〇年代までたどられることになるだろう。それはまず、映画とは無縁の企業家たちによる驚くほど野蛮な撮影所の買収ゲームとして始まる。それはまた、破産と競売によって始まったといってもよい。そのとき明らかにされねばならぬのは、ハリウッドがいかにしてアメリカ合衆国と闘ったかという闘争の、無益なまでの苛烈さである。この闘争は、多くの優れた作家たちを際限もなく疲弊させ、彼らの早すぎる死を準備するものだった。

とするなら、映画という闘いにおいて勝利したのは、いったい誰だったのか。より正確には、映画の側からアメリカ合衆国に仕掛けられた闘いを真に支えていたのは誰なのか。それを多少とも明らかにすることで、われわれは、現代のアメリカ映画がかかえこんでいる問題の大きさに、改めて触れることになるだろう。

いまや、このアメリカ映画史にホークスやフォードやウォルシュが登場しない理由が明らかにされ始めている。彼らに限らず、かつてのハリウッドの巨匠と呼ばれる監督たちは、いずれも、真の意味での闘争をくぐり抜けることなく勝利してしまった幸福な作家なのである。もちろん、そうした巨匠たちが、頑固なプロデューサーといちども葛藤関係に入らなかったというのではない。だが、ホークスも、フォードも、ウォルシュも、それをいくぶんか厄介ではあるが、持って生まれた性格なりちょっとした策略なりによって、いくらでも回避できる日常茶飯事ぐらいにしか考えてはいない。おそらく、シュトロハイムの不幸さえ、ことと次第によっては避けることのできた偶発事だとみなされていた時代が、アメリカ映画の歴史にはまぎれもなく存在していたのである。

たしかなことは、ハリウッドの巨匠たちにとって、闘うことが映画の必然的な条件だとはいささかも意識されてはおらず、ましてや、それが映画そのものの不幸だなどとは考えられていなかったという事実だろう。それは、撮影所というシステムが、まるで母胎のように彼らを外界から保護していたから初めて可能となる姿勢にほかなるまい。つまり、ハリウッドの巨匠たちは、いずれも、映画と無意識に戯れることの可能な時期に映画を撮っていたからなのである。

そうした幸福が約束されていた時代の監督たちを、ひとまず「古典的」な作家と呼ぶことにしよう。ハリウッドが、アメリカ合衆国の語る言葉を遥かに超えたほとんど普遍的ともいえる記号を発信しえたのも、それと無関係ではなかろう。それは、なににもまして、無意識の産物なのであり、そこには不幸の影さえさしてはいない。

だが、映画を撮ることが意識的な振舞いたらざるをえない時代が不可避的に到来する。第一章で擁護されることになる「五〇年代作家」たちは、まさに、映画であることのさまざまな条件を意識せざるをえない時代に映画との関係をとり結ばざるをえなかった不幸な存在なのだ。彼らは、巨匠たちのように、闘争を涼しい顔でやりすごし、なお傷つくふうも見せない無意識の振舞いを演じることはできないだろう。あるいは、母胎であることをやめ始めていた撮影所と、なお触れ合わざるをえなかったことが、彼らの不幸を加速させたといってもよいかもしれない。この世代の監督たちは、その意味で、いくえにも不幸なのである。

こうした監督たちは、ハリウッドが初めて持つことになった「現代的」な作家である。ここで話題になろうとしているのは、まさしく映画における「現代性」の問題なのだ。そして、アメリカ映画の歴史は、いまなお「現代的」であることの意味を評価しかねている。

この書物がいだくささやかな意図は、この評価されがたいものをなんとか評価しようとする不幸な試みだといえるかもしれない。それには、例外的な巨匠の作品ではなく、ごくありきたりな映画へと注ぐべき視線を鍛えることから始めねばならないだろう。

第一章　翳りの歴史のために
――「五〇年代作家」を擁護する

I　1935〜1944

タクシー・ドライバーのストライキ

ニューヨークの小劇場で数本の演出経験を持ってはいても、演出家とはまだとても呼べそうもないひとりの若いアメリカ人が、何通もの紹介状と「民衆にばらまく」予定の百枚ものジャズのレコードをかかえて、フィンランド経由でソ連に入国する。ほとんど素人といってよいこの演劇青年によって演じられたささやかな越境行為が、やがてアメリカ映画の歴史に深く関わることになろうとは、彼自身を初めとして、まだ誰ひとりとして考えてはいない。合衆国では大統領に選出されたばかりのルーズヴェルトが経済の立て直しをはかり、ソヴィエト社会主義共和国連邦ではスターリンによる一党支配がほぼその基礎を固めようとしていた時期のことである。

彼が大西洋を越えて運んできたレコードは、ソ連国境で官憲によって没収されてしまうのだが、ハーヴァードでみっちり演劇を学び、早くから左翼運動の洗礼を受けているこの二十六歳の演劇青年は、そんなことで弱気になったりはしない。その足でまっすぐモスクワに赴き、首都の演劇界の主だった顔触れや名高い映画人と接触し、折からソ連に滞在中だったヨーロッパの芸術家たちとも親交を結ぶことになるだろう。粛正の嵐が吹き荒れる直前のことでありながら、彼を迎えた一九三五年のモスクワには、まだ「モンパルナスを思わせる自由な雰囲気」が漂っていたとこのアメリカ人は述懐している。

モスクワ芸術座の舞台やスタニスラフスキーの「方法」にはいささか失望させられたし、エイゼンシュテインの映画にもさして熱狂してはいなかったという青年も、以前から深い関心をよせていたメイエルホリドの活動には強く惹きつけられる。さらに、ベルトルト・ブレヒト、ハンス・アイスラー、ヨリス・イヴェンス、ピスカトールらと親交を結び、俳優のハーバート・マーシャルや映画史家のジェイ・レダとは気のおけない仲間づきあいをするまでにいたる。こんな顔触れがソヴィエト社会主義共和国連邦の首都モスクワで一堂に会するという時代が、二十世紀の歴史には着実に存在したのである。「ヴァラエティ」紙に記事を送ったりしながらのモスクワ滞在中に、ハーヴァード出身のこの演劇青年は、大学でクリフォード・オデッツの戯曲『ウェイティング・フォー・レフティ』を英語で上演することに成功しさえするだろう。

タクシー・ドライバーのストライキを題材とした社会的プロテスト性の強いこの戯曲は、同年の初めにニューヨークで初演され、熱狂的な反響を巻きおこしていたものだ。作者オデッツの名をたちまち有名にしたこの芝居の予期せぬ成功は、政治色を色濃くたたえたニューディール期の演劇運動を象徴する戯曲として、いまでも記憶されている。とりわけ客席の注目を浴びたのは、終幕近く、群衆にまじって両手を高くさしあげ、「ストライキを！」と三度続けて叫ぶタクシー・ドライバー役の若い役者のエネルギッシュな演技である。それに呼応して総立ちになった観客も、口々に「ストライキを！」ととなえ始め、かつてない興奮が舞台を熱くつつみこんだのだという。

籤引きで配役を決めていたというほどだから、この公演には正式の演出家は不在である。だが、「ストライキを！」と叫んだ青年がグループの中心メンバーであることは、その意気込みからしてすぐに察しがつく。彼もまた一九〇九年生まれの二十六歳。イスタンブール生まれのギリシャ移民の子で、皿洗いをしながらイエール大学に進んで芝居を学んだ演劇青年である。間違いなく演出家を目指しているのだが、同じ戯曲をあえてソ連で上演してみせた青年とは異なり、こちらはどこまでもスタニスラフスキーの「方法」を信仰し、エイゼンシュテインに対する熱狂をも隠そうとはしていない。数年間メンバーであったアメリカ共産党を、やがて「芸術上の理念から」離れることになるのだが、モスクワ詣でを試みた同世代の青年同様、演劇運動による社会変革の可能性を信じ続けている若い知識人であることには変わりがない。

『ウェイティング・フォー・レフティ』が初演された当時のニューヨークの劇壇には、一万五千人を超える演劇関係の失業者があふれていたという。大恐慌の余波もいまだ遠のいてはおらず、合衆国は深刻な不況を脱しきってはいない。にもかかわらず、演劇は、政治的な意識に目覚めた若者たちにとって、魅力あふれる表現形態であることをやめてはいない。彼らの視線はヨーロッパに向けられ、ベルリンやモスクワで起こっている前衛的な演劇運動を誇大に理想化することで、その同時代性に忠実であろうとしている。

ちょうどその頃、シカゴ大学でソーントン・ワイルダーのクラスに学び、のちにフランク・ロイド・ライトに弟子入りしながらも、建築家になるよりは舞台に立ちたいと願っていたひとりの若者が、『ウェイティング・フォー・レフティ』を上演した役者たちの周辺に姿をみせる。モスクワとニューヨークでこの戯曲の上演に関わった二人より三歳ほど若い青年がいつ仲間になったかは誰も覚えていないというのだから、むしろ地味であまり目立たぬ性格だったに違いなかろう。だが、「ストライキを！」と三度叫んで観客を熱狂させたタクシー・ドライバー役の演技にすっかり魅せられ、やがて、端役ながら彼とともに舞台に立つようになる。

この若者に恵まれていたのは、社会主義的な連帯のための国際的な人脈づくりの能力でもなければ、スタニスラフスキーの「方法」を合衆国の風土に移植して観客を熱狂させる演技指導者としての資質でもなく、むしろ孤独で理想主義的な感性だったといってよい。彼もまた、ニューヨークで芝居を演出することを夢みてはいながら、とりあえずは修業のつもりで、このグループに接近することになったのである。風呂もないグリニッジ・ヴィレッジの貧しいアパートでの共同生活を通じて作家志望の若い女性と知り合い、たちまち恋に落ちて同棲し始めながら、いっぽうでは、率先してアメリカ共産党にも入党しているのだから、この青年にあっても、演劇への夢は政治と深く結びついていたといってよい。彼は、ほどなく、ソ連から帰国したばかりの三歳年上の演出家が上演する労働者階級向けの芝居にも、役者として出演することになるだろう。

こうして、タクシー・ドライバーのストライキを題材とした舞台のまわりに、ほぼ同世代の演劇青年による三角形が形成される。その頂点に位置する三つの名前は、ジョゼフ・ロージー、エリア・カザン、ニコラス・レイ。いずれも第二次世界大戦後にハリウッドで監督としてデビューし、五〇年代の合衆国を代表することになる映画作家である。だが、このとき三人が夢みているのはあくまで舞台での成功であり、映画の一語はほとんど彼らの口からもれてはいない。ブルジョワジーのほどよい娯楽の地位に甘んじていた演劇という公演形態に新たな形式を与え、労働者の自覚を促す装置に変容させること。それが彼らに共通の野心である。まぎれもない知識人＝芸術家としてそれぞれの理想を実現しつつあるこの三人にとって、当時のハリウッドが、はたしてニューヨーク以上に魅力的な都市の名前であったかどうかははっきりしない。そもそも、彼らは自分の国の映画をよく見ていたのだろうか。

だが、彼らの芝居仲間の中から、何人かの才能豊かな映画監督やプロデューサーやスターが育つことになるのはまぎれもない事実なのである。この三人が芝居を通じて知りあうことになる名前をとりあえず列挙するなら、ジョン・ヒューストン、アンソニー・マン、マーチン・リット、ウォルター・ラング、ジャック・アーノルド、ジュールス・ダッシン、ジョン・ガーフィールド、フランチョット・トーン、アーサー・ケネディ、ジョン・ハウズマン、そして、その誰よりも若いオーソン・ウェルズといったことになろうか。こうした顔触れを欠いた場合、一九五〇年代のアメリカ映画がどれほど貧しくなるかは容易に想像できるだろう。だが、こうした名前が大挙してハリウッド映画のクレジットを彩るのは、第二次世界大戦が終わってからにすぎない。ごくわずかな例外を除いて、彼らのほとんどは、撮影所とは無縁の場所で戦争をくぐりぬけることになるだろう。

ニューヨークvsハリウッド

ソ連から帰国したジョゼフ・ロージーは、ジョン・ハウズマンのプロデュースによる舞台をいくつか演出することで本格的な演劇活動を開始する。だが、メイエルホリドやピスカトールの精神的な弟子である彼の興味は、戯曲の演出というより、舞台による左翼的な啓蒙運動へと傾斜してゆく。やがて赤狩りの標的とされるフェデラル・シアターの中心人物として、アメリカ初の音楽入りのアジ・プロ劇の集団的な上演を試み、それを「リヴィング・ニュースペイパー」と名づけることになるだろう。演劇というより政治寄席にちかいその公演には、同じウィスコンシン州出身のニコラス・レイも何度か登場しているはずである。

それと並行するかたちで、エリア・カザンの演劇活動も本格化する。スタニスラフスキーの「方法」に忠実であろうとする彼にとっての関心は、あくまで演技の質の変容にある。のちにマーロン・ブランドやジェームズ・ディーンを育てたことで有名なアクターズ・ステューディオをリー・ストラスバーグとともに支えることになるカザンは、グループ・シアターを本拠地としながらも、およそハリウッド映画とは無縁の前衛的な短篇映画など撮りながら、オーソン・ウェルズに乞われてラジオ番組に出演したりする。政治意識の強いニューヨーク知識人にほかならぬ彼らにとって、ハリウッドはまだ遠く、ほんの数年後に起こるだろうみずからの西海岸への大がかりな移住を予測させるきざしは、ほとんど認められない。

その頃、ニコラス・レイはニューヨークの仲間たちを離れ、同棲中の女性を伴ってワシントンに赴き、ルーズヴェルト政府の農業政策の一翼を担うことになる。大恐慌以来、荒廃していた農民たちの勤労意欲を高めるために、アメリカのジャズやブルースをはじめとする民衆文化を再認識させることが政策として検討され、ラジオやレコード、あるいは写真などの「複製技術」の活用がワシントンで討議されていたのである。そこで彼はブレヒト的な音楽劇の上演を試み、初めて演出に手を染めることになるのだが、農民のコミュニティー意識の高揚には音楽が有意義であるとの認識に到達した芸術家仲間とともに、彼は、ポピュラー・ミュージックのラジオ放送とレコードの録音とに邁進することになるだろう。

社会主義に傾倒している政治的な若者たちが、率先して政府の政策の推進に力をかすという事態は、いささか奇怪なものに映るかもしれない。だが、民衆的な娯楽を社会的な啓蒙に役立てようとするのが当時のアメリカ共産党の方針だったのだから、ニコラス・レイのワシントン行きは、むしろ政治的な知識人の典型的な振舞いだというべきなのである。

映画が、農民や労働者階級の啓蒙にもっともふさわしいメディアだと共産党によって判断されていたことはいうまでもない。だが、資本主義の矛盾にもっとも敏感だった東部の知識人がハリウッドに標的を定めたとき、その尖兵として撮影所に乗り込むことになったのは、演出家志望の若者ではなく、ニューヨークの舞台で名声を博した戯曲の作者たちである。事実、『ウェイティング・フォー・レフティ』の成功の直後にハリウッドに招かれたクリフォード・オデッツは、リュイス・マイルストンの『将軍暁に死す』(36)で、脚本家として華々しくデビューしている。『ボディー・ビューティフル』の作者ロバート・ロッセンも脚本家としてワーナー・ブラザーズと契約し、ラオール・ウォルシュの『彼奴《きやつ》は顔役だ!』(39)のクレジットに名をつらねることになる。すでに二〇年代にブロードウェイからハリウッドに招かれていたジョン・ハワード・ローソンは遥かに上の世代に属しているが、若者たちに劣らず政治意識の強いシナリオライターとして、すでに一九三三年に、脚本家たちの組合「スクリーン・ライターズ・ギルド」を創設している。のちに赤狩りの犠牲となる脚本家たちは、すでに三〇年代の中頃からローソンのまわりに結集していたのである。

やがて監督としてデビューすることになるジョン・ヒューストンがその頃ハリウッドに足を踏み入れたのも、もちろんシナリオライターとしてである。カザンやロージーより三歳年上のヒューストンは、名高いスターのウォルターの息子として比較的恵まれた立場にありながらも、『マルタの鷹』(41)で監督としてデビューしたときはすでに三十五歳に達しており、サイレント期からハリウッドで活躍していた監督たちの多くが二十歳代で映画を撮り始めていたことを想起するなら、かなり遅いデビューだといえる。同世代の演劇青年たちのほとんども、ほぼ彼と同じ運命をたどることになるだろう。サイレントからトーキーへと移行したばかりのハリウッドは、ブロードウェイの舞台からジョージ・キューカーやルーベン・マムーリアンを監督として招聘することで、充分新しい事態に対応できると思っているのだ。

もちろん、『マルタの鷹』と同じ年に撮られた『市民ケーン』の「神童」オーソン・ウェルズが、弱冠二十五歳でハリウッドの監督になったという事実を知らぬものはいまい。だが、ジョン・ハウズマンの企画でマーキュリー・シアターの仲間たちと撮ったこの作品が、ニューヨークの若い演出家たちに対するハリウッドの不信感を募らせることになったのも周知の事実である。第二次世界大戦が勃発したこの年、世代交代のきざしはまだほの見えてさえおらず、戦後のアメリカ映画を支えることになる主要な顔触れは、当時の撮影所にはごくわずかしか見当たらない。演劇出身者としては、一九三九年に助監督としてパラマウントに採用されたアンソニー・マンと、四二年にRKOに助監督として採用されたリチャード・フライシャーがわずかな例外である。それ以前から撮影所で仕事をしていたのは、『市民ケーン』の脚本家ハーマンの弟で同じ脚本家志望のジョゼフ・L・マンキーウィッツと、ドイツからの亡命者を頼って脚本の仕事を得たビリー・ワイルダー、それに叔父のひとりがワーナーの編集を担当していたドン・シーゲルぐらいのものだ。さらには、ときおり映画になりそうな題材を売りわたし、シナリオの仕事を貰ったりしていたジャーナリストのサミュエル・フラーもそうした例外のひとりかもしれないが、この時期の彼は、ハリウッドに長居をするつもりなど持ってはいない。

イエールで演劇を学んだリチャード・フライシャーが、ハリウッドでは神話的な名前を持つ一族に属していることはいうまでもない。父親のマックスと叔父のデーブは、トーキー初期のアメリカアニメーションの草分けで、ポパイやベティ・ブープの創造者だからである。だが、父親ウォルターの紹介でハリウッドにもぐり込んで脚本家となったジョン・ヒューストンとは異なり、フライシャーは二世としての特権を生かして撮影所に雇われたわけではなく、あくまでその舞台演出の手腕をＲＫＯの首脳部に認められたのである。

ジョゼフ・ロージーやエリア・カザンより九歳も年下であり、フライシャーとほぼ同世代のロバート・アルドリッチが一九四〇年代の初めからハリウッドの撮影所入りをはたしていたのは、彼が、大学中退である上に、ニューヨークでの政治的な演劇運動の経験がまったくなかったからである。だが、五〇年代に監督としてデビューする監督たちの中で最も裕福な家庭に育ちながら、あえて薄給の下働きを選んだアルドリッチの目に、撮影所で出会った知的な脚本家たちの振舞いはこの上なく魅力的なものに映ったという。かりに一九三六年にハリウッド入りしていたら、自分は間違いなく、ヒューゴー・バトラーやダルトン・トランボにならって共産党に入党していたはずだともらしているほどだから、三〇年代の中期にハリウッドに結集した社会主義的なシナリオライターたちが若い世代に及ぼしたインパクトはかなりのものであったろう。のちの赤狩りの犠牲者に脚本家が多いのも、決して偶然ではない。

アメリカにさからって

『ウェイティング・フォー・レフティ』の終幕で「ストライキを！」の叫びがニューヨークの劇場を熱い興奮でつつみこもうとしていたとき、二九年の恐慌ではなはだしい痛手をこうむったアメリカの映画産業は、その経済的な基盤をいまだ充分に回復するにいたってはいない。巨額の融資によってトーキー用の施設の充実をはかったばかりのハリウッドの撮影所の経営は、三〇年代の前半を通じて極端に悪化し、その大半が莫大な負債をかかえて崩壊寸前の状態に陥っていたのである。パラマウントやユニヴァーサルは金融業者の手に落ちるし、RKOは投資家グループに吸収され、フォックスは二十世紀映画と併合されるといった日々が続き、シナリオライターに続いて組合を結成したスターたちまでがストライキを検討したりする始末である。撮影所がそうした状況からなんとか抜け出しえたのは、もっぱら民主党政権の経済政策のおかげである。

一九三三年、民主党候補のフランクリン・D・ルーズヴェルトが大統領に就任したとき、ワーナー・ブラザーズはそのミュージカル映画『フットライト・パレード』（33）を、振付師バズビー・バークレーによる華麗なショウ場面で彩り、そこに大統領の肖像を登場させている。これは従来から共和党支持者だったプロデューサーのジャック・L・ワーナーが不況下の民意の動向を的確に読み、民主党支持にくらがえしていたことの結果である。

このように、ハリウッドは、たえず首都ワシントンの顔色をうかがいながら、ルーズヴェルトによるニューディール政策と歩調を合わせることになり、その結果、大統領の雇用促進政策の一環としての「産業復興法」の適用を受け、一種のカルテル化によってかろうじて生き延びることができたのである。

とはいえ、いわゆるメジャー系の映画産業はもはやサイレント以来の興行師たちの手におえるものではなくなっており、アーヴィング・タルバーグ（彼は夭折することになりはしたが）やデヴィッド・O・セルズィニック、ダリル・F・ザナック、ウォルター・ウェンジャーのような若いプロデューサーの活躍が始まろうとしている。また、撮影所の首脳部には、きまって東部の金融界の代表者たちが顔をそろえ、ながらく同族会社的な組織にすぎなかった撮影所の経営を、資本主義にふさわしく近代化することになるだろう。「産業復興法」に保護されてかろうじて崩壊の危機を逃れた映画産業に、政府の政策転換による「独占禁止法」の適用が新たに検討され、それが部分的に実施に移される三〇年代の末までのほんの数年間、不況から立ち直ったハリウッドは不意に黄金時代を迎えることになる。一九三五年とは、その時ならぬ隆盛の起点となる象徴的な日付にほかならない。音声を偉大な資産としてとりこみ、ようやく色彩をも自分のものにしようとしていたハリウッドの時ならぬ繁栄は、いわばアメリカにさからうかたちの統制経済のもとで可能になったものにほかならない。

明らかに合衆国憲法の精神に違反したかたちでのトラスト的な市場支配によってかろうう

じて経済的な危機を脱することのできたアメリカの映画産業は、同時に、国民の名による倫理的な視点からの攻撃にもたえずさらされてきた。すでにサイレント期の二〇年代から、ハリウッドが市場に送り出す膨大な数の作品が、性的な乱脈さと過激な暴力描写において、市民社会の道徳的な基準を踏み越えかねぬものだとする批判が執拗に寄せられており、ときには宗教団体によるボイコットにまで発展しかねないありさまだった。その意味からしても、ハリウッドはあからさまに反アメリカ的な要素を内蔵することで発展してきたことになるのだが、保守的な世論に対応する必要から、一種の自己検閲組織の創設が検討され、アメリカ映画製作者配給業者連盟が設立されることになったのである。その一部として発足した検閲委員会は、委員長ウィル・H・ヘイズの名をとって「ヘイズ・オフィス」と呼ばれることになるのだが、その映画製作倫理規定の条項(いわゆる「ヘイズ・コード」)が一応の完成をみるのが、まさに一九三四年のことである。

以後、撮影にあたっては、シナリオ、編集の段階での厳密な事前チェックを受けることになり、題材の選択と処理の画一化がハリウッドで進行することになるだろう。たとえば、倫理規定には魅力あふれる犯罪者を描いてはならないという項目があり、恐慌時代に多くの観客を惹きつけたワーナー・ブラザーズを中心とするギャング映画は衰退の一途をたどる。『犯罪王リコ』(31、マーヴィン・ルロイ)、『民衆の敵』(31、ウイリアム・A・ウェルマン)、『暗黒街の顔役』(32、ハワード・ホークス)、『仮面の米国』(32、マーヴィン・ルロイ)

といった当時のギャング映画の多くは、貧しい移民を主人公にして、腐敗した社会に対する個人の反抗が彼らを犯罪に走らせるという筋書きを持ち、ポール・ムニやジェームズ・キャグニーやエドワード・G・ロビンソンをスターダムに押し上げるとともに、ごく曖昧なかたちではありながらも、そこにこめられたメッセージを階級闘争への共感として組織しうるものであったといえる。『ウェイティング・フォー・レフティ』の成功によってクリフォード・オデッツがハリウッドに招かれたとき、無法者による社会的なプロテストを描いたギャング映画というジャンルは、「ヘイズ・コード」の実施によって過去のものとなろうとしている。その種の犯罪映画は、ほぼ十年後に、いわゆる「フィルム・ノワール」となって異なる意匠のもとによみがえるのだが、少なくとも三〇年代の中期においては、アメリカ共産党の方向転換もあって、社会主義的な姿勢の持主たちの関心は、階級闘争から人民戦線的な反ファシズム闘争へと移行していたのである。

いずれにせよ、政治的な意識をもってハリウッドを訪れたニューヨークの劇作家たちは、ナサニエル・ウエストやスコット・フィッツジェラルドといった名高い小説家たちよりも遥かに巧みにハリウッドのシステムと妥協する手段を心得ていた。左翼の脚本家たちもあからさまな政治的主題を書くことはなく、レイモンド・チャンドラーやダシール・ハメットといった探偵小説の書き手でさえ、その芸術的な良心によって受け入れがたいと思われたプロデューサーたちを巧みに懐柔し、三〇年代後半のハリウッド映画を娯楽と啓蒙の奇妙な混合物に仕上げることになるだろう。

ところで、ちょうど「ヘイズ・コード」がアメリカ映画を画一化しようとしているとき、ハリウッドはさらに新たな反アメリカ的な要素を抱え込むことになる。ヨーロッパにおけるナチズムの興隆に伴い、ドイツからの亡命者たちがやってきたのである。もちろん、ヨーロッパで名声を確立している監督を招聘するというのはハリウッドの常套手段ではあり、すでにサイレント期からエルンスト・ルビッチやジョゼフ・フォン・スタンバーグなどがハリウッドに定着してはいる。だが、政治的な理由で祖国を捨てたフリッツ・ラングの合衆国への到着は、いささか意味合いを異にしている。

『ウェイティング・フォー・レフティ』がニューヨークで好評を博した直後に、ラングはアメリカ市民権を獲得し、MGMと契約する。彼のアメリカ第一作は集団的な暴力を題材とする『激怒』（36）だが、ドイツ時代の『M』（31）の試写に立ち会った社長のルイス・B・メイヤーは「これは何だ」と絶叫したという。さいわいなことに、若いインデペンデント・プロデューサーのウォルター・ウェンジャーがその第二作『暗黒街の弾痕』（37）の製作を担当する。これらの作品の成功が、このドイツ人監督を二十年間ハリウッドにとどまらせることになるだろう。

ちょうどその頃、ドイツから招かれた舞台演出家マックス・ラインハルトによる『真夏

『暗黒街の弾痕』

の夜の夢』の公演が、西海岸の観客を熱狂させる。このヨーロッパ製の音楽劇の映画化をワーナーに認めさせたのは、アメリカ映画のドイツ語版の演出で認められていたウイリアム・ディターレだというが、彼はドイツ時代のラインハルトの弟子なのである。新スターのオリヴィア・デ・ハヴィランドの売り出しにも成功したこの超大作に共同演出として加わったディターレは、二年後『ゾラの生涯』(37)でワーナーに初のオスカーをもたらし、第一級の監督としての地位を築く。ユダヤ人ドレフュスを擁護するフランスの文豪を描いたこの作品の隠された反ナチス的なメッセージは明らかだろうが、ディターレは、以後、スペイン市民戦争、メキシコ革命などを題材とした作品で、国際的な民主主義理念の啓蒙につとめ、『マルクス伝』をソ連と合作する企画を持ってモスクワ旅行を試みるが、これは実現されずに終わる。

いま一人のラインハルトの弟子オットー・プレミンジャーに注目したのは、発足したばかりの二十世紀フォックスである。彼の獲得のために、ダリル・F・ザナックは僚友ジョセフ・スケンクにウィーン旅行を依頼して招聘の下準備を行っているが、合衆国でのプレミンジャーは、『ローラ殺人事件』(44)で注目されるまでブロードウェイとハリウッドとを何度か往復することになるだろう。それとほぼ時を同じくして、パリ経由で合衆国にたどりついたビリー・ワイルダーは、二流会社で日の目をみない脚本を何本も書きちらし、チャールス・ブラケットと組んでルビッチの『青髭八人目の妻』(38)のシナリオライターとなる日を待ち続けるだろう。

そうこうするうちに、ヒットラーのポーランド侵攻のニュースが伝わる。戦線はたちまち全面的なものとなり、ヨーロッパに残ったユダヤ系の映画人の援助活動のための「ヨーロッパ映画基金」が設立され、ルビッチがその会長をつとめることになる。ハリウッドは新たにロバート・ジオドマークやダグラス・サークを迎え、それにフランス人のルネ・クレールやジャン・ルノワールが加わることになるのだが、数の上で圧倒的に多いドイツ系の亡命知識人や芸術家が集まったカリフォルニアは、さながら小さなワイマール共和国の様相を呈するほどだったという。

一九四一年、クルト・ワイルとともにブレヒトが西海岸に到着したとき、新ワイマールは政治的にも文化的にも完璧なものとなる。ブレヒトはハリウッド映画に直接的な痕跡は何一つ残していないが、彼の招聘に力をそえたディターレやラングの作品の幾つかには、明らかにブレヒト的な着想が影を落している。一つはプラハを舞台としたラングの対独レジスタンス映画『死刑執行人もまた死す』(43)で、音楽はハンス・アイスラーが担当している。脚本が手直しされたため、ブレヒト自身はその出来栄えに深く失望しているが、これがまぎれもない傑作であることは誰もが知っている。いま一つはワーナーから独立した直後のディターレの『シンコペーション』(42)で、ヴァレンティーヌ・F・ディヴィスの書物の映画化だが、黒人音楽の歴史をアフリカから現代のアメリカまでたどるというブレヒト的な発想は、RKOの方針で黒人ジャズ・プレイヤーを全員白人に置き換え、ベニー・グッドマン、リース・スティーヴンス、ハリー・ジェイムス、ジーン・クルーパたちの演奏に白人の恋物語をそえるといった結果に終わり、当初の題名『ジャズの歴史』を裏切って、これまたブレヒトを深く失望させる。この映画は脚本家フィリップ・ヨーダンのハリウッドでの最も早い時期の仕事の一つで、ジョン・スタージェスが編集を担当している。

『ガリレオ・ガリレイの生涯』がすんでのところでオーソン・ウェルズによって映画化されそうになる挿話は戦後のことだが、こうした間接的なブレヒトの痕跡は、多くの亡命ドイツ系作者による直接的な痕跡と同じほどの重要さを持っているといわねばなるまい。ブレヒトの不満は、ディターレやラングが、彼の想像以上にハリウッド的な監督になっていたことに由来するが、それはむしろ祝福さるべきことではなかろうか。彼らは、文字通り、第二次大戦下のアメリカ映画を占領してしまったからである。

ハリウッド製のヨーロッパ

ヒットラーがソ連に侵攻した直後、ロックフェラー財団のための教育映画を何本か監修し、数本の短篇映画を撮っているジョゼフ・ロージーは「戦うソ連支援協会」に加入し、ほとんど無償に近い報酬でソ連を支持する大集会の演出を担当し、パントマイムや朗読、それに識者のメッセージからなる派手なイヴェントを合衆国の大都市で開催する。その経験は、のちにアカデミー賞受賞式の演出をまかされたときに役立つだろう。彼は、それに類する政治的なイヴェントのオーガナイザーとして注目され、ルーズヴェルト大統領再選のための支援集会を組織した折にドーリ・シャリーと知り合ったことが、RKOでのデビューのきっかけともなる。

ソ連を支持する集会でメッセージを読み上げた元モスクワ駐在のアメリカ大使ジョゼフ・E・ディヴィスの回想録をもとにして、一九四三年、ワーナーは『モスクワへの密使』を製作する。監督はマイケル・カーティス、脚本はハワード・コッホ。ディヴィス大使を演じているのはウォルター・ヒューストン。チャーチルやスターリンも本名で登場するこのあからさまな親ソ映画に最初に反応したのは、右翼であるよりもむしろトロツキスト系の左翼である。トロツキーの暗殺を待ちうけていたかのように、この種のスターリン主義擁護がハリウッドで行われるのは許せないというのだ。

もっとも、監督のマイケル・カーティスにさして深い政治的な意図があったわけではない。ハンガリー出身のこの亡命者は、久方ぶりに影を多用したヨーロッパ的審美主義にたち帰って陰鬱な雰囲気を漂わすことに成功しているが、これは撮影のバート・グレノンの功績だろう。第二班と編集とを担当したドン・シーゲルの引きしまった仕事ぶりが、映画を心理的なスリラーとして上出来なものにしている。シド・チャリシーが若々しい姿でバレエを披露してみせるのも魅力の一つとなっている。だが、この映画を撮ったことでワーナーがのちに赤狩りの第一の標的とされることになるのは、社長ジャック・L・ワーナーがユダヤ系であったことと、脚本家のハワード・コッホの政治的姿勢によってである。だが当時の観客にしてみれば、同じカーティス＝コッホのコンビによる『カサブランカ』(42)にくらべていささか抒情性はおとるものの、それとさして変らぬ人道主義的な題材としてこの作品を消費していたはずである。

この映画で技術顧問を担当したのは、ロージーがモスクワで出会った映画史家のジェイ・レダである。彼には『ソ連映画史』の著作もあるが、この時期に量産されるヨーロッパを舞台にした作品には、しばしばヨーロッパ出身の技術顧問がついて、ハリウッド映画に登場する細部のあまりの不自然さを訂正する役目を果たそうとしていたのである。ルイス・ブニュエルも、その種の役目を演じて何がしかの報酬を受けていたのだが、ヨーロッパ出身だというだけの理由でバーグマンがスペイン女性を演じる『誰が為に鐘は鳴る』(43)など、彼の目にはどう映ったことだろう。

もっとも、のちに戦意高揚映画と一括されることになるこの作品が、真珠湾攻撃後に、合衆国の介入を煽動しようとする悪しき陰謀として国粋主義的な右翼から非難の対象とされていたことは指摘しておく必要があろう。ヒューストンがハワード・コッホらと脚本に参加したホークスの『ヨーク軍曹』(41)やナチス・スパイの英国侵入をあつかったラングの『マン・ハント』(41)などは、必ずしも国策にそった映画とは認められなかったのである。ドイツとソ連とが交戦状態に入った以後も、ジュールス・ダッシンの処女作でドイツの亡命俳優コンラッド・ファイト主演の『ナチスのスパイ』(42)を始めとするヨーロッパ支援を目的とした抗戦映画の多くが、外国人やユダヤ系の作家たちによって撮られていたことに不快感を表明する政治家も少なくなかったといわれている。

すでに三〇年代の終わりから独占禁止法違反の疑いで政府から訴訟を起されていたハリウッドは、そうしたワシントンの反応に神経質たらざるを得ず、軍部に協力することで事態を何とか穏便にやりすごそうとする。二十世紀フォックスのザナックは大佐に任命され、スターたちも召集を受ける。また女優たちも、戦線を慰問して歩くことで軍に協力しなければならない。フォードやキャプラも軍籍に入り、何本かの記録映画を軍に提供することになるだろう。もっともこの時期にヒューストンの撮った記録映画は、スポンサーたる軍部によって上映禁止の処置を受けることになるのだが。

三〇年代の演劇青年たちのほとんどは、ラジオや教育映画などの分野で情報活動に従事しながら、第二次世界大戦をくぐりぬけている。演劇を通じての啓蒙を確信していた彼らは、電波や映像の持つプロパガンダの力を活用しうる絶好の機会にめぐり合ったのだといってよい。オーソン・ウェルズとのラジオ番組の経験を持つジョン・ハウズマンは『市民ケーン』のプロデュースに関わったのち、「ヴォイス・オブ・アメリカ」のヨーロッパ向け放送の責任者となり、ブレヒト選曲による音楽を流したりするのだが、そのポップス番組のチーフをつとめていたのがニコラス・レイである。その際彼の共産党員としての活動が話題となるが、FBIもその証拠をつかみえず、のちの赤狩りの折にも召喚されることはないだろう。このときの経験を生かして、ニコラス・レイは、エリア・カザンの処女作『ブルックリン横丁』（45）に助監督として参加し、音楽顧問をつとめることになる。

ちょうどその頃、ロバート・アルドリッチは、召集を受けて人材不足のハリウッドで、プロデュースの才能のある助監督としての地位を確かなものとしつつある。彼は、二流の低額予算映画で演出の手腕をみがきながら、やがてジャン・ルノワールやチャップリンの助監督をつとめるまでになるだろう。ニューヨークの舞台出身でプレストン・スタージェスの助監督から処女作『ドクター・ブロードウェイ』（42）を撮ったアンソニー・マンも、リパブリックでもっぱらB級活劇を撮り続ける。志願兵としてそのころヨーロッパ戦線にいたサミュエル・フラーは、一人ハリウッドを遠く離れ、『最前線物語』（80）の題材となる世界に身を置いている。脚本家出身で製作に転じたドーリ・シャリーは、MGMでB級映画を担当したのちセルズニックに移籍し、華麗な大作とは異質の小品でも興行価値を持ちうるという自信を深めてゆく。

平和の到来は、長く待たれていた彼らの時代の到来を意味するはずだった。たがいに共有している知性と経験とは、必ずや、ハリウッドに新風を送りこむはずだからである。だが、事態はそのようには進展しなかったというのが、五〇年代のアメリカ映画の不幸な歴史なのである。第二次大戦の終結とともに処女作を撮ることに成功した彼らにとって、来たるべき五〇年代は受難の一時期となるだろう。そうならざるをえない理由の大半はこれまでにもう語られている。

II　1945〜1946

入党者と脱党者

戦争の終結も間近なものと思われた一九四四年の暮、グリニッジ・ヴィレッジに住み真っ赤なリンカーンのスポーツカーで兵営に通勤し、上官のスタッフを酷使しながら教育映画を撮るという変則的な十カ月の軍隊生活を終えたロージーは、ハリウッドに赴いてMGMに籍を置き、監督となるチャンスをうかがう。何本もの企画が流れ、これという仕事もないまま、彼は、ダルトン・トランボ、エイドリアン・スコットらの左翼的知識人と親交を結び、共産党に入党することになる。

すでに共産党との縁を切っているカザンは、大戦中のニューヨークでの着実な演出手腕を注目され、いくつかの撮影所から契約の誘いをうけ、フォックスで『ブルックリン横丁』（45）を撮るために、かつて何本かの映画に端役として出演しただけで離れたハリウッドに出かけてゆく。貧しい移民の子として「生き残れ」をモットーとしていた彼は、持ち前の職業意識を発揮して、撮影所のシステムとも容易に同調する。

ロージーは、デビューして間もない同世代のフレッド・ジンネマン、ジュールス・ダッシン、ヴィンセント・ミネリらと隣合わせのオフィスをもらい、彼らの作品を興味と嫉妬の心で見ている。ルイス・B・メイヤーの指揮のもと、堅実に機能するユニット・プロダクションを複数持っていたMGMは、とりわけアーサー・フリードの担当するミュージカル部門に多くの才能を集め、作詩作曲の経験豊かなこのプロデューサーが連発する作品で活気を帯びていた。ロージーが配属されたのは「犯罪は割が合わない」というシリーズを担当する短篇部門で、翌年の初め、二十分の処女作『拳銃を握って』（45）に着手するが、撮影開始の直後、ハリウッドの歴史始まって以来最大のストライキに遭遇し、夜景をアメリカの夜でごまかしながら何とかこれを仕上げる。

三十四週間続き流血の事態をも招いたこのストライキは、同年結成された反共愛国的な組合によってそれまでまがりなりにも共存していたハリウッド映画人が完全に分裂せざるをえなくなったことの直接の原因となる。装置や小道具を担当する労働者たちは、所属すべき組合をめぐって経営陣と激しく対立する。この事態をめぐる審議は、これまで不定期のものだった下院の非米活動調査委員会を常任委員会とする動きを促すことになるだろう。

いまや、映画産業内部における共産党の活動を非難する声は公然たるものとなり、ウィル・H・ヘイズの辞任後にアメリカ映画協会の会長に就任したばかりのエリック・ジョンストンは、合衆国の国家的秩序の攪乱を目論む危険分子の排除を要求する議会からの追及をかわすのに大わらわとなる。アメリカ商工会議所の会頭からハリウッドの代表者となったジョンストンも、さすがにそうした要求を受け入れることはできなかったが、さりとて反共的な政治家に積極的な解決策を示すこともできず、その声は日ましに弱々しいものとなってゆく。

ドイツ軍と日本軍との降伏を待たずに他界したルーズヴェルトの死が、ハリウッドをますます孤立させる。八カ月にも及ぶストライキが終結したとき、合衆国が持っていた大統領は、副大統領から昇格したトルーマンにすぎなかった。彼に、国際的な政治情勢に的確に対処し、国内に向って指導力を発揮する能力も意志もなかったことは、多くの証言によって明らかだが、ルーズヴェルトによるニューディール政策を社会主義的な偏向と思わずにはいられなかった勢力は、これを機に反共的な姿勢を深め、かくして大戦終結後に結成された国際連合は、米ソ対決の場となるだろう。国民もソ連に対する態度を徐々に硬化させ、政治的意識の深い演劇青年出身の映画人たちにとっては生きにくい冷戦の時代が始まる。

大作家の復帰

だが、ハリウッドが市場に送り出す映画には、流血の争議に象徴される深刻な事態など影さえ落としていないかにみえる。観客たちはそんなことには無頓着なまま、ホークス、フォード、キャプラ、ヒッチコック、ワイラーなどの戦前派の戦後第一作でにぎわう映画館につめかけ四六年には全国で週平均八千万人の動員数を記録することになる。製作本数も四百本を越えハリウッドの絶頂期の到来を思わせ、『三つ数えろ』、『荒野の決闘』、『汚名』、『素晴らしき哉、人生!』など、質的にも高度な達成を示す。四六年のアカデミー作品賞がワイラーの『我等の生涯の最良の年』であることは、伝統的ハリウッド派が健在であることの表現とも読める。

だが、戦後のハリウッドにふさわしい現象はむしろビリー・ワイルダーの『失われた週末』(45)だろう。『深夜の告白』(44)もそうだがどこか異常さの影を宿すこの種の心理的スリラーは、プレミンジャーの『ローラ殺人事件』(44)など、大戦末期からの閉鎖的状況を戦後まで生きのびさせた。犯罪の香りと悪への誘惑を主題とした不安定な精神を描く一連の作品としては、ラングの『スカーレット・ストリート』(45)、ジオドマークの『殺人者』(46)、ガーネットの『郵便配達は二度ベルを鳴らす』(46)、チャールス・ヴィダーの『ギルダ』(46)などがすぐさま思い浮ぶ。四〇年代の後半にかけて、暴力の気配を漂わせたこれらの「フィルム・ノワール」はハリウッド映画の主流をかたちづくりさえ

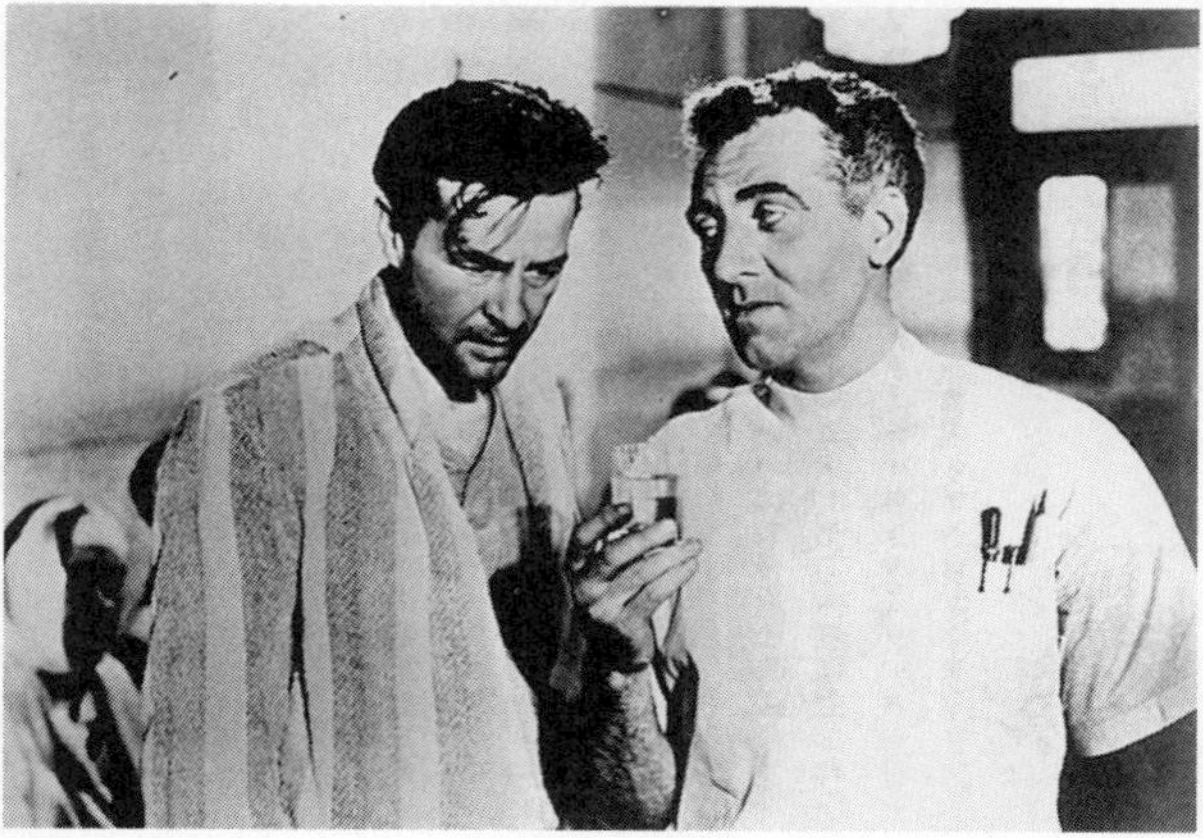

『失われた週末』

するだろう。オーソン・ウェルズが『上海から来た女』(47)を撮るのもそうした風土の中でだが、それにくらべるとカザンの処女作『ブルックリン横丁』は、いかにも普通の映画にすぎない。

戦前の巨匠たちは、プロデューサーへの自由を確保するために、独立プロを結成する動きを見せる。キャプラ、ジョージ・スティーヴンス、ワイラーらによるリバティ・フィルムなどがそれである。セルズニックもヴァンガード・フィルムを作り、メジャー系からの距離をとる。フォードもメリアン・C・クーパーとのアーゴシィ・プロを中心に活動を行い、メジャー系の撮影所の専属監督であることをやめるだろう。だが、彼らの選んだ道は若い才能を次々に活用するMGMのアーサー・フリードの勢いにくらべて遥かに厳しい。観客数の増大にもかかわらず、状況は混沌としている。

ロージーは数本の短篇を撮ったのち、ブレヒトの『ガリレオ・ガリレイの生涯』を監督オーソン・ウェルズ、主演チャールズ・ロートンでユニヴァーサルに撮らせようと画策するが実現せずに終わる。だが『ガリレオ』は、映画以外の場所で五〇年代を準備する二人の人間を結びつけることになる。ジョン・ハウスマンがニューヨークで、ドーリ・シャリーがロサンジェルスでの公演をプロデュースすることになるからだ。そしてその二人のつながりの中で、ロージーとニコラス・レイのデビューが可能となる。レイは、ハリウッドでカザンのデビューを助けたのち、ニューヨークで『三文オペラ』をデューク・エリントンの音楽で上演し好評を博し、続いて数年後にアナトール・リトヴァクによって映画化される舞台『私は殺される』をCBSテレビのために演出、ハリウッドに接近するチャンスを深める。

Ⅲ　1947

RKOヌーヴェル・ヴァーグ

一月一日付でRKOの製作担当重役に迎えられたドーリ・シャリーは、いよいよ自分の時代の到来を予感し、ロージーに声をかけて監督就任のチャンスを与える。戦前に『少年の町』（38）の原案者としてオスカーを得ているこのジャーナリスト出身のプロデューサーは、独占禁止法の実施を間近にひかえて将来への不安を隠しきれない撮影所を救う道は、新人を使った低額予算で作品の水準を維持することにしかないと直感する。また、ニューディール的精神の数少ない生残りとして、彼は、トルーマンによる水爆実験の一年後に、原爆の恐怖を寓話として語るロージーの『緑色の髪の少年』（48）の製作を意味あることと確信する。許しがたい反動だがその職業意識の徹底ぶりは学ぶべきだとロージーがいうクラレンス・ブラウンの『子鹿物語』（46）の成功にならって、映画は、不幸な少年ものとして売り出され、予想を上まわる成績をあげることになるだろう。続けてドーリ・シャリーは、権利を買いとっていたある小説を映画化しうる若い才能を探し、ハウズマンの紹介によるニコラス・レイに演出をまかせる。新たに重役となったばかりの会社で、たて続けに二人の新人をデビューさせるというのも異例のことだが、無実の青年の逃亡譚のプロデュースをハウズマン自身にまかせるあたりも、彼の度胸のよさを示していよう。

だが、シャリーのこの年の仕事で世間的に最も注目を集めたのは、かつて『欲望の果て』(44)で仕事をした経験を持つエドワード・ドミトリクに『十字砲火』(47)を撮らせたことだろう。戦後の風俗を舞台とした犯罪劇に反ユダヤ主義の問題をからませた『十字砲火』は、アカデミー賞の作品賞と監督賞などにノミネートされ、RKOの名声を高めることになる。作品賞と監督賞は、同じ人種問題を主題としたカザンの『紳士協定』(47)が独占することになるが、翌年の監督賞が『黄金』(48)のヒューストンであることからも明らかなように、時代はロージーの世代へと着実に移行しつつある。シャリーの新人探しは、その事実を見抜いていたメジャー系のプロデューサーの数少ない一人が彼であったことを証明するものだろう。彼の仲だちによって、三〇年代の演劇青年たちは、いまやハリウッドを征服しつつあるかにみえるからである。事実、四七年に二本の作品でデビューしたロバート・ロッセンは第三作『オール・ザ・キングスメン』で四九年度の作品賞を獲

『緑色の髪の少年』

得、監督賞と脚色賞を獲得した『三人の妻への手紙』(49)のマンキーウィッツは翌五〇年には『イヴの総て』で作品賞と監督賞などを独占、アメリカ映画を代表する顔はこうして戦後派の作家へと移行することになる。

新世代の登場を的確に予測していたシャリーは、しかし『緑色の髪の少年』の編集中にRKOをハワード・ヒューズに乗っとられ、古巣のMGMに戻る。だがそれにしても、名だたる反共主義者の手に移った会社から、共産党員のドミトリクやロージーの作品が次々と公開される時代とは、何と奇妙な時代だろうか。

ニコラス・レイの『夜の人々』(48)をめぐっては、のちにゴダールが「予算においてはB級、精神においてはA級」と評することになるが、ヌーヴェル・ヴァーグがアメリカ映画から受けつぐことになるのは、実はドーリ・シャリーの精神にほかならない。彼は、MGMに戻ってからもその精神を貫き、戦前派のウイリアム・A・ウェルマンに低予算ながら独創的な題材(キャプラのアイディアによる)の西部劇『女群西部へ!』(51)をプロデュースしたりするが、絢爛豪華を売物にするMGMのイメージにあわないとしてルイス・B・メイヤーと激しく対立する。この葛藤はシャリーの勝利に終わるが、会社の実権を握った五〇年代中葉に、彼はロバート・アルドリッチを低額予算の『ビッグ・リーガー』(53)でデビューさせることになるだろう。ロージー、ニコラス・レイ、アルドリッチを監督にしたドーリ・シャリーを語らずに、ハリウッドの五〇年代を語ることはできな

『夜の人々』

い。非米活動委員会で証言した経営者の中で最も堂々とした論陣をはり、自分の新しい監督や脚本家たちを擁護したのも彼である。右翼系の新聞からシャリーはほとんど「赤に近いピンク」だと攻撃されてもその確信は揺がないだろう。

FBIの再登場

ドーリ・シャリーがRKOに移籍した直後、いま一つの首脳部交代が行われる。四五年いらい委員長の座にあったジョン・S・ウッドの後を襲い、J・パーネル・トーマスが非米活動委員会を代表することになったのである。折から大統領の拒否権発動にもかかわらず下院はタフト・ハートレー法を可決、労働組合の活動を極端に制限するその法律に反対するストライキが各地に発生するが、それをも共産主義者の策謀だとする世論がごく自然に形成されてゆく。大戦の間、委員会の活動はトップ記事として全国に報告されることが少なく、むしろその強引なやり方が反感を買い、初代委員長マーティン・ダイスは下院選挙への立候補を断念せねばならなかったほどだが、冷戦下の同委員会はいわばマスコミの花形として、ラジオ、新聞、ニュース映画の中心的なトピックとなる。

トルーマン大統領は三月十二日のステーツメントで「反共的自由主義」の立場を鮮明にうち出し、それに応じて非米活動委員会も、ソ連帝国主義の世界支配に向けての原爆スパイ網のアメリカ潜入といった情報を公表する。一九四五年五月に、カナダのソ連大使館員イゴール・グチェンコがアメリカに亡命し、北米大陸に配置されていたKGBのスパイ組織をめぐる情報をFBIに提供する。ローゼンバーグ事件の直接の契機となったこの亡命事件は、翌年にウイリアム・A・ウェルマンによって『鉄のカーテン』（48）として映画化され、全米五百の映画館で封切られて興行的な成功をおさめ、同年のゴードン・ダグラスの『ウォーク・ア・クロック・マイル』（48）をはじめとする対ソ連スパイ映画の流行を生み出すことになる。ゴードン・ダグラスの映画でのFBIとスコットランドヤードとの緊密な連繋プレーは、四七年三月のウィンストン・チャーチルがミズーリ州フルトンで行ったアメリカ国民向けの演説で強調された「ボルシェヴィズム」の脅威に対する米英の同盟の必要性の強調に対する一つの解答である。『汚名』（46）でナチスの残党を相手に戦っていたFBIは、いまや恰好の敵役にめぐりあったことになる。

非米活動委員会は、スペインの共和派を支持した「反ファシスト亡命者合同委員会」をはじめとする各種民間組織を共産党の外郭団体に指定し、そのリストを増加させてゆく。それに対応するように、「在郷軍人会」、「カトリック婦人連盟」等がしかるべき作品の上映に反対する圧力団体として浮上し、『チャップリンの殺人狂時代』（47）やロベルト・ロッセリーニの『奇蹟』（『アモーレ』第二話、48）――『ゴダールのマリア』（83）はこれへのオマージュである――などがその標的となる。ジョゼフ・ロージーが「戦うソ連支援協会」のイヴェントを演出してからまだ十年もたっていないというのに、いまやソ連はまぎれもない敵国と見なされているのだ。『拾った女』（53）のサミュエル・フラーが反共主義者と見なされて何ら不思議でない時代が到来していたのだといってもよい。

非米活動委員会

J・パーネル・トーマスが委員長に就任したばかりの非米活動委員会は、五月にハリウッドに調査員を派遣して非公開の聴聞会を持ち、およそ非政治的なダグラス・サークまでがブレヒトをめぐる情報提供を求められたりする。その報告に基づき、ワシントンで公聴会を開いた場合の「友好的証人」の証言が及ぼすだろうインパクトに確信をいだき、秋の第八十通常議会での「映画産業における共産主義の浸透」を調査する公聴会に、多くの証人が召喚されることになるのは誰もが知っている。ジャック・L・ワーナーを最初の証人として迎えたこの一大政治イヴェントは、のちにマッカーシーイズム——日本でのマッカーシズムという呼び方は正しくない——によるハリウッドの赤狩りとして記憶されることになるのだが、四七年の段階では、マッカーシーはほとんど無名の上院議員にすぎず、いかなる役割も演じていない。また、この公聴会に先立ち、作曲家ハンス・アイスラーの証人喚問が行われていることは、公聴会の実質的な最後の証人がブレヒトであったことからしても、きわめて興味深い。大戦中のカリフォルニアに開花した新ワイマール共和国が一つの標的となっていることが明らかだからである。

『拾った女』

委員会のメンバーは、委員長のJ・パーネル・トーマスのほか、カール・E・ムント、ジョン・M・マクドウェル、リチャード・ニクソン、リチャード・B・ヴァイル、ジョン・S・ウッド、ジョン・E・ランキン、J・ハーディン、ピーターソン、ハーバート・C・ボナー、それに主任調査官のストリップリング。主に質問を発するのは彼である。ミシシッピー選出議員ランキンは、四五年以来ハリウッドを赤の温床として攻撃し続ける反ユダヤ主義的人物で、非米活動委員会の常設へと向けて議会を動かした中心人物だといってよい。ジャック・フェデールの『外人部隊』(34)の音楽をはじめ、フリッツ・ラングやジャン・ルノワールのハリウッド時代の作品に作曲家として協力し、のちにドイツ民主共和国の国歌を作曲することになるアイスラーが、ドイツ時代に作った歌曲の歌詞を卑猥ときめつけるランキンに、それは卑猥さとは無縁の偉大な詩だと応ずる姿は、まだ笑劇としての側面を保ってはいる。

「こうした詩を書いた男は、それが誰であれ、合衆国議会に対する尊敬の念を欠いている」

「失礼ですがランキンさん、あなたはアメリカの詩に馴れ親しんでおられますか」

「アメリカの何ですと?」

「詩です」

「詩?」

外国人の証人を相手にしたときは笑劇ですんでいた公聴会も、アメリカ人同士のやりとりとなるとたちまち陰惨なものとなる。十月二日午後十時三十分、「大部分の映画労働者は愛国的で忠実なアメリカ人だと確信するが」と始められた証人喚問は、最初の証人ジャック・L・ワーナーの証言とともに、共産主義者を告発し排除する魔女裁判の様相を呈する。二十日から二十四日までは、あらかじめ反共的姿勢の明らかなプロデューサー、監督、俳優たちが証人台に上る。監督としてはサム・ウッド、フレッド・ニブロ（！）、レオ・マッケリー、プロデューサーとしては、ワーナーのほかにMGMのルイス・B・メイヤー、ウォルト・ディズニー、俳優としてはアドルフ・マンジュー、ロバート・テイラー、ロナルド・リーガン、ゲーリー・クーパーといった顔ぶれである。

共産主義者など一人も知らないが、反米的な映画人なら確かにいると語り始めるジャック・L・ワーナーは、しかし、公聴会の席で具体的な名前を挙げることだけは巧妙に避けている。彼は、アメリカを外部から侵略する勢力に対する全体主義的でない自由な反撃を映画界も試みるべきだ、という内容のステーツメントを読みあげるだけにとどめようとしたふしがある。失職につながる個人的な名前の暴露はしないというのが、アメリカ映画製作配給協会の申合わせだったからである。だが、主任調査官から、五月の非公開の聴聞会の折に出た名前を追認するかたちで話を進めようとする戦略に引きこまれたワーナーは、それを否定できず、結局、公聴会の初日から多くの疑わしい名前が全国的に知れ渡ってしまう。二十七日から三十日までは、反米的分子として名前を挙げられた人たちが証人として喚問されることになるだろう。

ジョン・ハワード・ローソン、ダルトン・トランボ、アルバート・マルツ、アルヴァー・ベッシー、サミュエル・オーニッツ、ハーバート・J・ビバーマン、エドワード・ドミトリク、エイドリアン・スコット、ドーリ・シャリー、リング・ラードナー・ジュニア、レスター・コール、ベルトルト・ブレヒト、以上十二人のうち、ドーリ・シャリーとブレヒトを除く十人が、のちに「ハリウッド10《テン》」と呼ばれる監督と脚本家である。合衆国憲法に基づく権利として証言を拒否した彼らは、議会侮辱罪で告発され、有罪判決が下される。千ドルの罰金と一年間（数人は六カ月）の禁固刑とが彼らに科されるだろう。

この公聴会の委員と証人との両方に、のちに合衆国大統領となる人物が一人ずついたことは偶然だろうか。リチャード・ニクソンが委員会のメンバーであったことはすでに述べた通りである。いっぽう、スクリーン・アクターズ・ギルド会長の資格で証人に立ったロナルド・リーガンは、総会の席にはごく少数ながら共産党のものと思われるしかるべき組織の方針に基づく発言者がいたことに言及しながらも、ジャック・L・ワーナーのごとく固有名詞を挙げることはせず、トマス・ジェファソンの言葉などひきあいに出し、外国勢力なり非合法政党なりの利益のために活動する分子が何かを画策した場合、そのイデオロギー的な偏向に対して充分な闘いを遂行するほどにアメリカの民主主義は成熟しているはずであり、映画産業もその闘いに加担すべきだというのが、未来の合衆国大統領の見解である。

なお、リチャード・ロリンズ、ゴードン・カーン、ハワード・コッホ、リュイス・マイルストン、アーヴィング・ピッチェル、ラリー・パークス、ロバート・ロッセン、ウォルド・サルトにも召喚状がとどいたが、ブレヒトの証言の終わった段階で、公聴会は不意に中断される。

残された象牙のパイプ

ＲＫＯのオフィスで『緑色の髪の少年』の準備中だったロージーは、担当プロデューサーのエイドリアン・スコットと『十字砲火』の監督ドミトリクのもとに召喚状がとどいた瞬間に立ち会っている。ハリウッドには、文字通りパニックが走りぬけたというのである。最初の混乱がおさまってから、ワシントンの攻撃にさらされたハリウッドの映画人は、証人として出頭する仲間たちの支援と擁護のための組織作りを始める。民主党支持者を中心にした比較的リベラルな思想の持主たちが対策を講じ、ウイリアム・ワイラーを中心とした会合をジョージ・ガーシュインの弟アイラの家で開催する。それにハンフリー・ボガートとともに出席したローレン・バコールは、「ハリウッドの現役の大スターや監督や脚本家のほとんどの顔が見られた」と回想している。年上のワイラーを表に立て、実質的にはヒューストンがフィリップ・ダンとともに組織したというこの会合から、合衆国憲法「第一修正条項」に基づき、個人の政治的信条への国家的な介入が倫理的に許さるべきでないとするいわゆる「第一修正条項委員会」が発足することになる。五百人の署名を集めたこの委員会の声明に続き、スクリーン・ディレクターズ・ギルドもほぼおなじ内容の声明を発表、有名スターを動員してのこうした運動は新聞に大々的に報道されるが、それこそ非米活動委員会の思うつぼだったと思われるふしもないではない。公聴会がマスコミを騒がすことこそ委員たちの期待するところだったのだから、政治家たちにとっても舞台は整ったわけだ。

証人たちがワシントンに出発する前夜、ロサンジェルスのシュライン・オーディトリアムで一千人の大支援集会が催される。その後はグラミー賞授与式などに用いられたりもした巨大なホールである。その演出を担当したのは、またしてもジョゼフ・ロージー。「リヴィング・ニュースペイパー」以来、この種の大衆的抗議運動や政治的動員を目的としたスペクタクル演出の第一人者として、それがハリウッドでの自分の地位を危くすると知りつつもあえてやってのけたロージーのもとに、ワシントンへ出発する十九人の証人たち全員の署名入りの感謝状が残されることになるだろう。

支援運動の中心的なメンバーたちも、公聴会の日どりに合わせてチャーター便を仕立ててワシントンに乗り込む。反響は予想を超えたものだったが、共産党員であるか否かの問いにイエスかノーかの回答を迫られる公聴会の議事の進行を前にして、憲法上の権利に基づき回答を拒否する者たちへの人道的な支援を行うことの無力さを、誰もが思い知らされることになるだろう。思想信条の如何にかかわらず、有能な人材は決して排除することはしないというドーリ・シャリーの態度に安心感を覚えながらも、ロージーはむなしい気持に襲われる。左翼的なシナリオライターがどれほど巧みに脚本を采配したところで、ハリウッド映画の歴史を通じて、真の意味で左翼的な色調に彩られた映画など一本たりとも撮られたためしはないからである。「強いて挙げれば、『怒りの葡萄』(40)が唯一の例外となろう」が、監督のフォードは左翼とは縁もゆかりもない人物だ、とのちにロージーは回想している。

ブレヒトが証人に立つ日の前夜、ロージーは彼とワシントンの町を一晩中歩きまわる。宿舎にあてられたワシントンのホテルには、いたるところに盗聴器が据えつけられているといううわさが流れていたからだ。戦略としては、通訳を使ってすぐには答えず、ゆっくり葉巻に火をつけて時間をかせぐというのが彼らのたどりついた結論である。

他人に関する証言のいっさいを拒否したブレヒトは、公聴会の翌日ヨーロッパへと出発して人々を驚かす。その後、ロージーは一人の知人を介してブレヒトからの記念品を受けとることになるだろう。象牙でできた中国製の阿片用のパイプである。「リラックスしたまえ」との手紙がそえられている。「ブレヒトは自分からお礼の品を手渡すような男ではない」と彼に説明するのは、そのモスクワ旅行の折にジャズのレコードを託したのと同じハリー・フラナガンである。以後、ロージーはブレヒトに会う機会には恵まれなかった。彼の手で『ガリレオの生涯』が映画化されるのは、一九七四年のことにすぎない。

Ⅳ　1948〜1950

傷だらけの巨人

四八年十一月二日、大統領選挙でトルーマンが勝利する。この年の春から行われた選挙キャンペーンの報道によって、媒体としてのテレビが一挙に国民に親しいものとなる。同年初めには全国に十万台を数えたにすぎない受像機を、二年後の五〇年には二〇パーセント近くの家庭が所有することになるだろう。週平均で八千万から九千万人いた映画人口は、そのため一挙に六千万人にまで低下する。

あたかも下院の公聴会によるハリウッドへの一撃を待っていたかのように、最高裁は映画会社の独占禁止法抵触をめぐる訴訟に判決を下し、製作部門と営業部門との分離を義務づける。以後、撮影所が直営の映画館を持つことは許されなくなったわけだ。テクニカラー社とイーストマン・コダックに対しても同じ趣旨の訴訟が行われ、テクニカラー時代からイーストマン・カラー時代への移行が始まるのもこの時期のことである。政治的、経済的な打撃を蒙った映画産業は、機構としては存続しがたい傷だらけの巨人となる。

また、前年の公聴会の直後の委員会報告に基づく議会での告訴決定の投票以前に、アメリカ映画協会の会長エリック・ジョンストンは、製作者協会、独立映画製作者協会の代表者たちによる合同会議の結論として「ハリウッド10」の解雇を宣言し、実質的なブラック・リストの作成に乗り出している。最も多くの犠牲者を出したスクリーン・ライターズ・ギルドは激しい抗議の声明を発表、ドーリ・シャリーは釈明の意志を表明しなければならない。「ハリウッド10」の幾人かは会社による解雇を不当なものとみなして訴訟に踏み切り、レスター・コールはMGMから弁償金を取ることに成功する。チャップリンやセルズイニックの所属する独立映画製作者協会は、ジョンストンの宣言とは一線を画するという態度を表明する。

だが、テレビによる観客層の離反、独占禁止法判決、ならびに左翼的映画人追放の動きは、ハリウッドを驚くほどの勢いで荒廃させてゆく。パラマウントは、製作＝配給を担当するパラマウント・ピクチャーズ・コーポレイションと、ユナイテッド・ピクチャーとに分離するが、後者はほどなくABCテレビ網に吸収されるだろう。ワーナー、フォックス、MGMの三社は、独占禁止法訴訟の判決の実施に三年の猶予を獲得するが、多くの専属俳優を手離し、経営はますます困難なものとなる。スタンリー・ドーネンとジーン・ケリーによる『踊る大紐育』(49)でミュージカルに新機軸を持ちこんだアーサー・フリードだけがかろうじてMGMの名誉を救うありさまで、メジャー系のプロデューサーたちはひたすら対応に苦悩するのみである。

一九五〇年四月、最高裁の上告却下によって「ハリウッド10」の有罪は確定し、国際的な世論の抗議もむなしく、彼らは下獄することになる。それよりしばらく前、公聴会の議長をつとめたJ・パーネル・トーマスは、公金横領の罪で起訴され、有罪の判決をうけて禁固刑に処される。委員たちとハンス・アイスラーとの文字通りの笑劇として始まった公聴会にふさわしい皮肉なエピローグというべきであろうか。

あるスターの死

メジャー系による直営館が独占禁止法によって独自のプログラミングを余儀なくされたことと、何よりも国内製作本数の低減によって、ニューヨークを中心にアートシアター的な小屋が出現し、イタリアのネオレアリズモのインパクトのもとにヨーロッパ映画の上映がさかんになる。やがて全米の保守的な組織からその不道徳ぶりを非難されることになるロベルト・ロッセリーニとイングリッド・バーグマンとの不倫の恋も、そうした背景と無縁ではない。四八年のアカデミー作品賞をローレンス・オリヴィエ監督・主演の『ハムレット』が獲得したことや、キャロル・リード監督によるアレクサンダー・コルダ製作の映画『第三の男』(49)にセルズィニックが出資していることなども、アメリカ映画界の目をヨーロッパに向けて開かせることになる。

メジャー系撮影所の弱体化はスタンリー・クレイマーのような新しいタイプの独立プロデューサーに活躍の場を与え、マーク・ロブスンの出世作『チャンピオン』(49)を成功させる。ペシミスティックとは呼べてもおよそ陰鬱なものであったためしのないダグラス・サークの世界にも、ふと暗い影がしのびよる。犯罪者が絶世の美女だという違いはあるが、彼の『ショックプルーフ』(49)は、これからユニヴァーサルでメロドラマの大家になろうとしているサークにとってはめずらしく、刑事とギャングとが登場する心理的スリラーで、まぎれもなく「フィルム・ノワール」の雰囲気を漂わせている。脚本は、この年これまた暗い西部劇『地獄への挑戦』(49)で監督としてデビューするサミュエル・フラー。時代の暗さが映画にも感染していると監督はのちに回想しているが、ここでのサークとフラーの結びつきこそハリウッドの五〇年代を予告するものだろう。結末は、二人の希望にもかかわらず、コロムビアの要求でハッピー・エンドにすりかえられるが、この陰鬱さは尋常のものではない。

四〇年代末期のハリウッドを代表するスターは、グループシアターでのカザンのかつての芝居仲間だったジョン・ガーフィールドだろう。ジャック・L・ワーナーからユダヤ的響きの強い本名のガーフィンクルをガーフィールドと改名する条件でワーナー専属となったこのアンチ・スター第一号は、左翼的な映画人を集めて設立した独立プロのエンタープライズから、デビュー間もないロバート・ロッセンを『ボディ・アンド・ソウル』（47）で一流監督として売り出し、続いてその脚本家のエイブラハム・ポロンスキーに『悪の力』（49）を撮らせてみずから主演する。いずれも「フィルム・ノワール」につらなる陰鬱さの中に社会批判をこめた作品で、二本ともアルドリッチが助監督としてプロデュースの面倒を見ている。三〇年代の演劇青年たちが大戦後のハリウッドで見せる仲間意識は、およそ伝統的なアメリカ映画とは異質の低い予算での製作を可能にしたのだが、これこそ自覚されざるヌーヴェル・ヴァーグの精神にほかなるまい。

暗さという点でなら、ロバート・ワイズの『罠』（49）、カザンの『暗黒の恐怖』（50）にもつながるこの時代の雰囲気は、ワーナーを離れたハンフリー・ボガートのサンタナ・プロで撮ったニコラス・レイの『暗黒への転落』（49）や『孤独な場所で』（50）にも漂っているだろう。初期のスター・プロに共通のこうした暗さに、やや通俗的ではあるが周到な輪郭をほどこしたのがビリー・ワイルダーの『サンセット大通り』（50）である。だが、時代の陰鬱さにあえて華麗な表現を与えようと試みたワイルダーは、題材処理の安定性という点で古典的な作家の伝統に近づく。つまり、彼にはまだ余裕が残されているのである。いかにも題材にふさわしい演出にこだわるマンキーウィッツについても、同じ事がいえるに違いない。

その余裕を持たないジョン・ガーフィールドは、赤狩りのブラック・リストに載ってフランスに亡命することになるジョン・ベリーの『その男を逃すな』（51）に主演したのち、非米活動委員会に召喚され、五二年五月二十日に突然死亡する。自殺とも心臓麻痺ともいわれる彼の最後は、ハリウッドの不幸な一時期を神話化するにふさわしい暗さを背負っている。

フォードの演説

一九五〇年、朝鮮戦争が始まった年の初めから、共和党上院議員ジョゼフ・R・マッカーシーが赤狩りの新たな中心人物として不意に浮上する。映画製作者連盟は、トルーマンの対外政策に露骨に追従し、『鉄のカーテン』に続く反共映画を作る。四九年に『地獄への挑戦』で監督となったサミュエル・フラーは、好戦的気運の高まりの中で、ともすれば時局便乗と思われがちな姿勢でその第三作『鬼軍曹ザック』（51）の舞台を朝鮮半島に設定する。彼の真意は、ハリウッドの戦争映画が漂わせがちなロマンチシズムを画面から徹底的に排除し、善悪を超えた戦争そのものの残酷さを示すことにあるのだが、これが従来のメジャー系の撮影所からは生まれない狂暴さを秘めた作品であることは間違いない。

ダルトン・トランボは、スクリーン・ライターズ・ギルドと映画製作者連盟に対して、反共映画を作ることで国民を戦争へと駆りたてるのをやめるように非難する。ギルドは、その非難に、組織の存続をあやういものにする挑発だと応じる。いっぽう反共主義者セシル・B・デミルが会長をつとめるスクリーン・ディレクターズ・ギルドでは、監督たちに合衆国への忠誠を誓わせようとする動きが持ちあがる。デミルは、全会員に、率先して忠誠を誓うようにとの書簡を発送する。これにいち早く反応したのは、またしてもロージーである。彼は、ジンネマンやヒューストンと語り合い、デミルの計画を粉砕する唯一の方法はギルドの総会を開き、新たな会長にマンキーウィッツを選出することだという結論に達する。総会開催の要求には二十五人の会員の署名が必要とされる。ロージーはニコラス・レイと相談して、同世代の作家たちに動員をかけて必要な数の署名を集め、マンキーウィッツの出馬を要請する。マンキーウィッツは、それを受諾するには、宣誓に反対する以上、署名者の全員が共産党員でないという宣誓と署名がなければ力がなかろうと主張する。ヒューストン、ニコラス・レイ、それにあの『イースター・パレード』(48)のチャールス・ウォルターズまでが、それには断乎として反対するロージーに賛意を表明するが、多数決で否定されてしまう。時間が迫っている。いずれにせよ法的な署名ではないからという弁護士にうながされて、四人は宣誓書に自分の名前を記すだろう。

もっともこのロージーの回想はロバート・パリッシュのそれといささか異なっており、このとき会長であったマンキーウィッツをデミルの攻撃からまもるための総会だということになっている。いずれにせよ、ギルドの緊急総会は一九五〇年十月十五日の日曜日に、

『その男を逃すな』

ビヴァリー・ヒルズ・ホテルで開催される。開会の演説の中で、マンキーウィッツはブラック・リストにも忠誠の宣誓にも反対の意志を表明し、デミルとの応酬が始まる。ジョージ・スティーヴンスが介入し、議論は果てしなく続く。真夜中を過ぎたころ、それまでパイプをくゆらせて黙っていた一人の男が立ち上がる。

「私の名前はジョン・フォード、ウェスタンを撮っている者です。アメリカの観客全員がデミルをどれほど深く愛しているかはよく存じている。だが今夜のデミルの振舞いは気に入らない。私としてはマンキーウィッツに信任の一票を投じたい。そして家に帰って眠ろうじゃあないか。みんな、明日には撮影をひかえているんだろう」

この一言でデミルの宣誓路線は敗れさる。ロージーの策略はひとまず勝利したわけだ。だが、それも束の間の勝利にすぎない。会長としてのマンキーウィッツは、数年後のヨーロッパ旅行からの帰途、ニューヨーク港の船上で記者会見を行い、ギルドの会員たる者はすべからく忠誠の宣誓を行うべきだと言明することになるからだ。そのときロージーは、アメリカからの亡命を本気で考え始めている。

メジャー系崩壊のきざし

ワーナーとの残された契約を十万ドルで買い戻したカーク・ダグラスが個人プロダクションを設立した五一年、四五年には百二十人の専属俳優をかかえていたその撮影所にとどまっている者は、すでに四十人を下まわる人数に低下している。製作過程の合理化を目指すカーク・ダグラスの試みは、バート・ランカスターらの同調者を生む。大作主義に固執するルイス・B・メイヤーは、経営方針をめぐるドーリ・シャリーとの対立からMGMを去る。独立後のメイヤーがテレビとシネラマとに同時に出資したことは、伝統的なハリウッドの二極分解を象徴している。

ウイリアム・フォックスが死亡した五二年、二十世紀フォックス副社長ザナックは、アンリ・クレチアン教授のアナモフィック・レンズの権利をフランスから買いあげ、シネマスコープによる画面の大型化の方針を決定。いっぽう弁護士出身の若手経営者ロバート・ベンジャミン、アーサー・B・クリムらは、ユナイトの近代化に乗り出し、契約制を廃止、プロジェクト・チーム的な撮影方法をとり入れて苦境を脱する。この年のハリウッドは、予算の上でも製作本数においても史上最低を記録し、職を失った映画人たちはテレビに生活の糧を求める。初のシネラマの公開は大都市での観客動員に成功するが、地方での映画館は存続の危機に見まわれる。

五一年、ヴィンセント・ミネリの『巴里のアメリカ人』にオスカーを与えることで若い世代の監督を売り出し続けてきたアカデミー賞は、五二年、作品賞にセシル・B・デミルの『地上最大のショウ』、監督賞に『静かなる男』のジョン・フォードを選ぶことで久方ぶりにサイレント期以来の大作家に名誉を与えるが、翌五三年にはふたたびフレッド・ジンネマンの『地上《ここ》より永遠《とわ》に』を作品賞、監督賞両部門に選出、ハリウッド映画は明らかに戦後世代の作家に主導権を奪われたかたちとなる。同じ年、ハワード・ヒューズはRKOの製作を中止、数年後には『ジェット・パイロット』ほか数本を除くほとんどの作品の権利をテレビに売却、会社全体はゼネラル・タイヤ社の所有となる。B級低額予算映画に徹していた二流会社のモノグラムはアライド・アーチスツに吸収され、ワイラー、ワイルダー等の大監督との企画を発表するが、それはハリウッドの撮影所システムの崩壊を裏側から照射する象徴的な事件というべきだろう。

二度目の不幸

五二年十一月アイゼンハワー将軍が大統領選挙で当選するが、副大統領に指名されるリチャード・ニクソンは、アイゼンハワー擁護のマッカーシー上院議員とともに赤狩りキャンペーンを再開。五一年三月に再開された非米活動委員会の第二次公聴会は五三年まで続き、三百人以上の映画人がハリウッドから追放される。多くの「友好的証人」の口から洩れた名前によって増加するブラック・リストの総体は、いまだ完全には把握しがたいほどの数に上ったという。第八十二、八十三議会へと三年越しで続けられる公聴会は、それぞれジョン・S・ウッド、ハロルド・H・ヴァルデ議員を委員長とし、ニクソンの上院への転出によって空席を残したまま証人喚問を行い、委員会側の証人フランク・S・タヴナー・ジュニアを質問者とし議事を進行する。だが、第一次の反共デモンストレーション的な色彩は弱まり、現在共産党とは関係を持たない旧党員たちを救出するという姿勢を強める。ロナルド・リーガンは、出獄後に転向宣言を行って左翼から攻撃されたドミトリクを支持する声明に署名しさえするだろう。

一九四一年に共産主義を信奉することと五一年にそうすることは意味が異なり、大戦勃発時にあって、それは若者にとっての自由主義的理想への欲求をみたしてくれるものだったというラリー・パークスの証言は、その真摯さにもかかわらず委員会にとっては恰好の標的となる。第一次公聴会の脚本家たちのように団結すべき同志もなく、政治的な確信に基づく証言拒否の戦術もとれず、質問のあい間に彼は幾つもの名前を洩らしてしまう。二年後の五三年七月二日付のヴァルデ委員長あての書翰で彼は、自分の息子たちが、共産主義であれファシズムであれ、全体主義的な不断の誘惑に対して民主的な解答を求める運動に参加することを希望するという言葉で、事実上の忠誠の誓いを果たすことになる。『ジョルスン物語』(47)でアル・ジョルスンを演じて一躍有名になったB級出身のこの役者は、かくして心ならずも「友好的証人」の一人となってしまう。しかし、この転向を卑劣と断じうる倫理的基盤を持つものなどどこにもいないはずだ。一九七三年十一月二十七日、公聴会の記録をもとに書かれたロバート・ベントリーの戯曲『あなたは今、あるいはかつて』がニューヨークで初演され人気を呼ぶ。ラリー・パークスはロサンジェルス公演の直後に他界するが、「裏切者」の子供としてたえず苦しみ続けていた彼の息子たちの一人は、舞台上に再現される父親を見て「誇りとともに席を立つことができた」と述べるだろう。

エリア・カザンのいわゆる「転向」は、四月十日の公聴会の翌日「ニューヨーク・タイムズ」に掲載されたステーツメントにより派手にとりざたされたが、すでに三六年に脱党していた彼がさして進歩的な意識の持主であったわけではない。政治的な題材を扱うハリウッド作家の多くがそうであるように、そのメッセージは「転向」前も後も常に曖昧であり、演技指導を除けば、彼の映画は、五〇年代作家としてはむしろ保守的なものであり、唯一のモラル「生き残ること」を非米活動委員会の前でも実践したにすぎない。

非米活動委員会の追及に毅然たる態度で応じえた証人が脚本家に多く、パークスを始めスターリング・ヘイドンやエドワード・G・ロビンソンなどの俳優が卑屈な対応しか示しえず、監督たちに、エドワード・ドミトリクを皮切りにエリア・カザン、ロバート・ロッセンなど転向組が多く出た理由はわからぬではない。のちに『黒い牡牛』（56）でアカデミー脚本賞を得たロバート・リッチなる人物が実はダルトン・トランボであった事件が示しているように、脚本家たちは、映画製作者協会に加入していないプロダクションでなら匿名で仕事を続けえたが、俳優たちはいうまでもなく、ロージーのように国外で監督するケースを除いて、監督が匿名を使うことはほとんど不可能だったからである。

監督経験者で信念を貫き通した数少ない例外は「ハリウッド10」の一人ハーバート・J・ビバーマンと第二次公聴会の最も早い証人の一人であるエイブラハム・ポロンスキーだけである。ジョン・ガーフィールドのプロダクション・エンタープライズの副社長の肩書きを持っていたポロンスキーは、すでに第一次公聴会の段階でブラック・リストに載り沈黙を強いられたが、それから十五年後の六九年に第二作『夕陽に向って走れ』を発表、五〇年代のハリウッドが最も優れた作家の一人を失ったことを改めて認識させることになるだろう。

ヨーロッパへの亡命

『ライムライト』(52)を完成させたチャップリンは非米活動委員会の召喚を拒否してヨーロッパに渡り、再入国の道を断たれる。『ストロンボリ　神の大地』(50)以来イタリアに滞在中のバーグマンも含めて、ハリウッドからの政治的亡命者がヨーロッパに集結する。それに加えて、戦後の友好国の復興を援助するマーシャル・プランの実施に基づき、外国市場でのアメリカ映画の興行収益の大部分が本国に回収されることなく凍結されたままになっており、その凍結ドルによる外国での撮影が一九五〇年ごろから真剣に検討され始める。たびかさなるストライキによって高騰した人件費を節約する意味からも、外国での撮影はハリウッドにとって好都合な条件となったからである。西部劇のロケ地にメキシコが選ばれたことは、風土の似たスペイン経由で六〇年代のイタリア製西部劇の源流ともなるが、サイレント期以来の歴史的大作の伝統を持つイタリア映画の活力を利用した『クオ・ヴァディス』(52)のような大作から、ディターレの『旅愁』(50)のようなラブ・ロマンスまで、チネチッタ製ハリウッド映画が増加するのもそうした理由による。ランナウェイ方式と呼ばれるこの新たな撮影方式がハリウッドを次第にゴーストタウン化することに、プロデューサーたちはいまだ気づいてはいない。

五一年に三本の低額犯罪映画を撮ったロージーは、五二年にイタリアで『拳銃を売る男』を撮る。その撮影中に自分の名が公聴会での「友好的証人」の口から洩れたことを知り、彼は帰国を断念する。ロージーの亡命を金銭的に援助したのは、初期の二作で助監督をつとめたロバート・アルドリッチである。彼らの友情と性格の違いからくる相互信頼は、七〇年代の終わりに起った不幸な誤解まで維持されるだろう。

西部劇の変貌

戦前派のヘンリー・キングがこのころ撮った西部劇『拳銃王』(50)にも、時代の暗さを反映するかのような陰鬱さが漂っていたのは、脚本にフィリップ・ヨーダンがからんでいたからだろうか。この脚本家が同じヘンリー・キングのために書いた『無頼の群』(58)における復讐のむなしさという主題も、明らかに五〇年代的である。

砂漠や平原といった無限に開かれた世界ではなく、絶壁や急斜面が視界から拡がりを奪う場に物語を設定する独創的な西部劇作家アンソニー・マンが、この時期に自分の世界を発見したのも、何やら時代の暗さと無縁でない気がする。『折れた矢』(50)でインディアン的な視点を導入したデルマー・ディヴィスの新しさは題材に多くを負っているが、アンソニー・マンの空間把握は、まったく新しい西部劇をハリウッドに導入することになる。『ウィンチェスター銃'73』(50)、『怒りの河』(51)、『裸の拍車』(53)などの作品は活劇でもありながら空間のドラマでもあるという意味で、明らかに五〇年代の発見した世界を提示している。本質的には外で撮られた室内劇にすぎないジョージ・スティーヴンスの『シェーン』(53)やジョン・スタージェスの『ブラボー砦の脱出』(53)などとの違いはそこにある。

ブラック・リストに載った映画人がヨーロッパへ逃れたり、国家への忠誠を誓った転向後の作家活動を始めようとするころ、赤狩りと軍国主義的な風潮そのものに対する抗議を秘めた西部劇が三本撮られる。

一つは、ロージーもその企画に加わったスタンリー・クレイマー製作の『真昼の決闘』

（52）。脚本の図式性と監督ジンネマンの悪の魅惑に対する鈍感さが、作品を平板な寓意に閉じこめており、それに憤ったホークスに『リオ・ブラボー』（59）を撮らせたことがこの作品の唯一の功績だろう。もう一つのヒューストン『勇者の赤いバッジ』（51）は、西部劇というより南北戦争を題材としている。恐怖と偽の勇気との混同を生なましく捉えたこの作品は、MGMに戻ったばかりのドーリ・シャリーによって支持された企画だが、まだ在籍中のルイス・B・メイヤーによって切りきざまれ、皮肉にも好戦映画として封切られる。この作品のオリジナル・ヴァージョンはMGMにも存在しないというが、次回作『アフリカの女王』（51）以後、ヒューストンは活躍の場をイギリスに移す。

三つ目はニコラス・レイの『大砂塵』（54）。フィリップ・ヨーダンが脚本にこめた寓意は、演出の過剰なまでの美意識によってすぐには見定めがたい。悔恨、諦念、不信、裏切りの雰囲気の立ちこめる閉鎖空間は、おそらくこの時代の陰鬱さをドキュメンタリー以上の生なましさで伝えるものだろう。ハリウッドの五〇年代そのものにほかならぬこの暗さが、崩壊間ぎわのリパブリックの劣悪なトゥルーカラーを、悪夢の魅惑的な華麗さへと変貌させている。

『大砂塵』

Ⅵ　1954〜1958

新しいスターたち

アーサー・フリード製作による最後のMGMミュージカルともいうべき『バンド・ワゴン』(53)には、ハリウッドの撮影所からニューヨークの舞台へと戻るスターを演じているフレッド・アステアが、演出家の無理な注文に対して「俺はマーロン・ブランドではない」と開き直る場面が存在する。アメリカ映画の世代交代へのあてこすりとも見えるこの台詞には、気の利いたジョークである以上に一つの真実がこめられている。

事実、優雅さよりはスポーツ選手的なエネルギーを基本に据えたジーン・ケリーに、あくまで洒落た身軽さで対抗しようとするアステアは、マーロン・ブランド的な生臭さにはとうていたちうちできないだろう。またジーン・ケリーも、ブラック・リストに載って自由な動きを奪われているかにみえるとき、バート・ランカスター、カーク・ダグラス、ポール・ニューマン、ウィリアム・ホールデンらの新スターを自由に使いこなしうる監督は伝統的な作家の中には見当らない。ランカスターはアルドリッチ、ブランドはエリア・カザン、ホールデンはワイルダー、ポール・ニューマンはリチャード・ブルックス、そしてジェームズ・ディーンはニコラス・レイと組んだときに最も輝くことになるだろう。戦前からのスターだったジェームズ・スチュアートさえが、五〇年代に入ってアンソニー・マンとのコンビによって、ニューディール的理想主義とはまるで異なる陰惨な表情を獲得する。これと同じ事は、五〇年代後半バッド・ベティカーによって生き返ったランドルフ・スコットについてもいえることかもしれない。逆に、旧世代の外国出身監督ダグラス・サークが新人ロック・ハドソンを最も丁寧に使ったことも見逃されてはなるまい。

五一年の『欲望という名の電車』に出演した時は傍若無人な侵入者と思われたマーロン・ブランドも、五四年の『波止場』でアカデミー賞を獲得したときには、ハリウッドには欠かせないスターとなっている。カザンとリー・ストラスバーグの指導するアクターズ・ステューディオ出身の役者たちが、エヴァ・マリー・セイント、キャロル・ベイカー等々、女優にいたるまでハリウッドに進出する。スターとしての肉体的な魅力にとぼしいオードリー・ヘップバーンの登場も、そうした変化の一端を告げるものだろう。『バンド・ワゴン』のシド・チャリシーが相手役のアステアより背の高いことが映画の中でギャグとされねばならぬ時代が到来していたのだ。

五〇年代のエリア・カザンの映画のほとんどがニューヨークのスタジオで撮られている事実は、ハリウッドの崩壊がかなり進んでいたことを示している。だが、『波止場』の映画史的な意義は、ストリングスを強調した伝統的なオーケストレーションをまったく無視したレナード・バーンスタインの音楽の新しさもさることながら、ハリウッド流の照明原理からはどこまでも自由なその撮影にある。かつてフランスでジャン・ヴィゴにキャメラマンとして協力した経験を持つ亡命ロシア人ボリス・カウフマンは、五〇年代中葉のアメリカ映画に新しい光を導入したのである。セミ・ドキュメンタリー・タッチの作風として戦後のハリウッドに新たな刺激を導入したというジュールス・ダッシンの『真昼の暴動』(47)や『裸の町』(48)にあってさえ、ウィリアム・ダニエルズのキャメラの周到さは伝統的な画面を作りあげていたが、ボリス・カウフマンの登場によってすべてが変わり始める。曇天の戸外や裸電球の室内は繊細な光と影の戯れとしてではなく、より直接的な関係として人物と背景とをフィルムに定着させることになるだろう。テレビ畑から映画に転じたシドニー・ルメットの処女作『十二人の怒れる男』(57)は、カウフマンのキャメラなしには考えられないが、このロシア出身のキャメラマンの不幸は、むしろ自分の撮影を充分に生かしうる監督に恵まれなかったことだ。カザンやルメットはこの新たな光線に助けられてはいてもそれを使いこなしてはいない。

アメリカ映画製作者連盟の会長を長期にわたってつとめ、名高い倫理規定によって題材の単調化に手を貸していたウィル・H・ヘイズが、五四年に七十五歳で他界する。オットー・プレミンジャーが『月蒼くして』(53)や『黄金の腕』(56)であえて倫理規定(「ヘイズ・コード」)に挑戦し、禁じられていた台詞――セックスに関するもの――や題材

『波止場』

（麻薬）を全米のスクリーンに登場させたのも、この頃である。製作者連盟を脱退して不利な条件下で封切ることを宣伝に利用するといった時代の到来を、ヘイズの死が象徴しているというべきだろうか。

ライフスタイルの変化

一九五三年のスターリンの死は、徐々に国際情勢に緊張緩和をもたらす。アメリカ国民の中にも、反共主義一辺倒の防禦的な姿勢に疲れ、内心の豊かさを求める生活への回帰が認められる。ニコラス・レイの『ザ・ラスティ・メン』（52）は、政府の調査が、国民の最大の関心事が自らの家を持つことにあると報告している事実に基づいて帰郷の映画として撮られる。物質的な繁栄への新たな夢にふさわしい消費社会の枠組づくりが進められる。そうした中でマッカーシーは失脚し、アルコール中毒で数年後に他界するだろう。赤狩りの風土は急速におとろえ、衣裳、ヘアスタイル、電気製品、自動車といったものへの関心が高まる。ロックンロールの風俗的な流行が若者の関心を映画から音楽へと徐々に移行させる。豊かに波打つ長いプラチナ・ブロンドの髪や、優雅に着こなされたスーツは人びとの欲望を刺激しなくなってゆく。誰もが結えるポニーテイル、誰もがまとえるジーンズやジャンパーなどが若者の心を捉える。あたかもそれに抵抗するかのように、過剰なヘアスタイル、過剰な衣裳で大人のメロドラマを描き続けるのが、外国出身のダグラス・サークだけだということは何を意味するのか。

五三年に第一回作品『聖衣』が公開され、二十世紀フォックスはシネマスコープ時代に入る。立体映画の流行は二年で終わるが、五四年にパラマウントがヴィスタヴィジョンを採用するに及び、メジャー系の各社は大型画面をとり入れ、それとほぼ並行して、テクニカラーからより経済的なイーストマン・カラーへの移行が本格化する。映画界は一時的な好況を呈するが、五八年には週平均の入場者はふたたび四千万人を切り、一九二六年以来の最低の数字を記録する。製作本数も年間二百本にみたず、俳優や技師たちの失業も深刻化する。MGMの製作担当重役ドーリ・シャリーは事業不振の責任をとって辞職、翌年MGMはテレビ映画の撮影を開始する。ジョン・ウェイン、ウィリアム・ホールデン、マーロン・ブランドらは、自衛策として独立プロを設立。ダリル・F・ザナックも二十世紀フォックスを離れて独立。メジャー系の映画会社のほとんどは消滅に近い状態に陥る。帝国の崩壊は近い。

雰囲気はまったく変わった

イギリス映画『非情の時』(56)でジョゼフ・ロージーが亡命後初めて自分の名前をクレジットに監督として記すことに成功したとき、彼のかつての盟友ニコラス・レイとロバート・アルドリッチとは、ハリウッドで映画を撮る可能性がほぼ失われたことを悟らざるをえない。『理由なき反抗』(55)で興行的な成功をおさめながら、レイは『無法の王者ジェシイ・ジェイムス』(57)では編集権を与えられず、プロデューサーと対立したままヨーロッパに渡る。公開されたヴァージョンには責任が持てないからである。彼は、ニースのヴィクトリーヌ撮影所で『にがい勝利』(57)を撮ったのち帰国するが、病気が悪化して次回作『禁じられた森』(58)を満足に仕上げることはできないだろう。

五五年に二本の傑作『キッスで殺せ!』と『悪徳』を撮ったアルドリッチは、彼自身のプロダクションを設立していったん自由を確保したかにみえるが、五六年の『攻撃』以後企画を実現できず、ヨーロッパに逃れねばならない。六一年に『ガン・ファイター』でハリウッドに復帰するまでの数年間、彼はヨーロッパで不本意な作品ばかり撮り続け、合衆国に戻ってもテレビの企画を請けおわねばならない。自分のキャリアはこれで終わったのかとあのタフなアルドリッチも本気で考えたという。五〇年代の前半、それぞれの本領を発揮したこの二人の才能豊かな作家たちの、この五〇年代後半の凋落ぶりはどうだろう。とりわけ個性的な表現を持ちながらも徹底した娯楽に徹しうるアルドリッチがまともな仕事を残せないというのだから、彼が弱気になるのももっともな話だ。興行的な失敗に終った『悪徳』がジョン・ガーフィールド主演で上演されたクリフォード・オデッツの戯曲の映画化であったことが、なにやら不吉な印象を与えぬでもない。

『コンクリート・ジャングル』(60)で高い批評を得て突然に名誉を回復したジョゼフ・

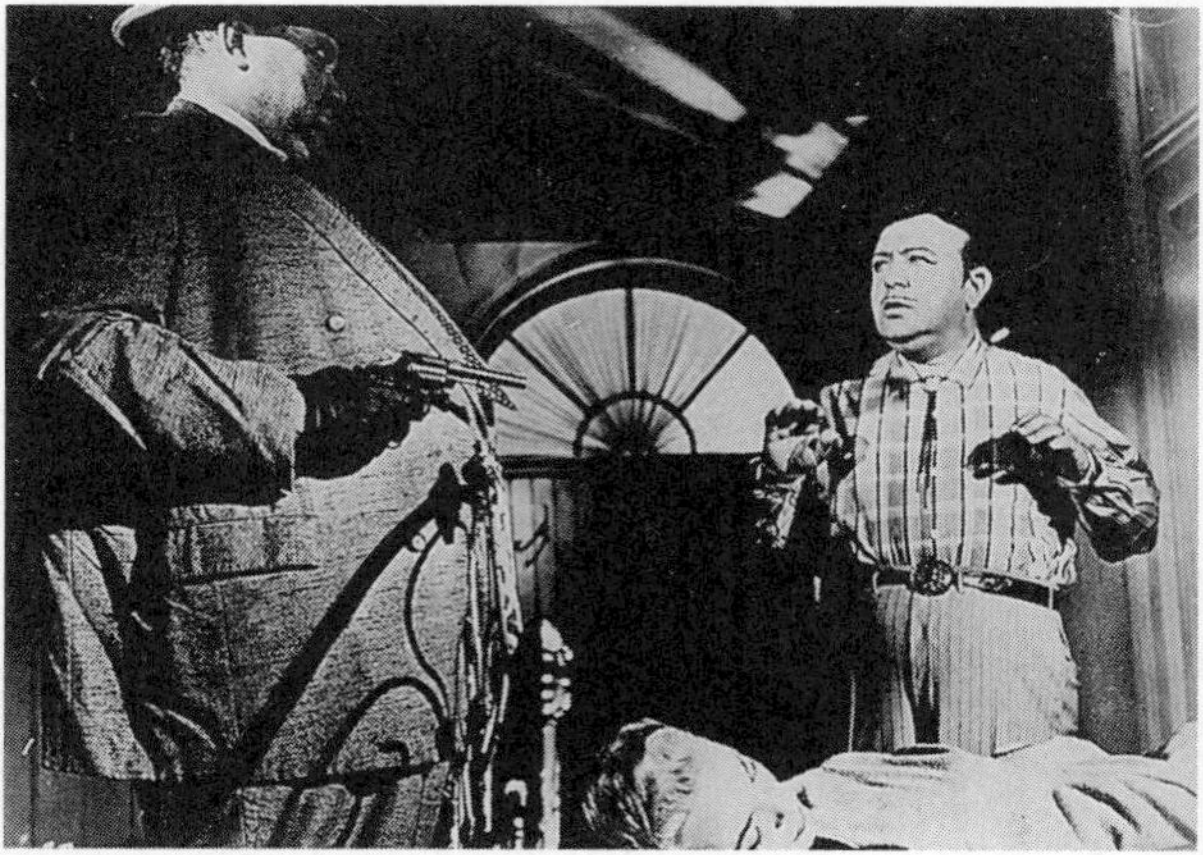

『黒い罠』

ロージーがイタリアで『エヴァの匂い』(62)の撮影に入ろうとするとき、屈辱しか残らなかったという『ソドムとゴモラ』(62)を撮りあげたばかりのアルドリッチが陣中見舞に姿を見せる。その時の写真が残されているが、いまや自信にみちているのは、亡命者として先輩にあたるロージーの方だ。あの屈強な肉体の上に乗ったアルドリッチの顔の迷子のような表情が、新参の亡命者の迷いなのだろうか。

実際、彼とは比較にならないほど才能を欠いたデルバート・マンが、低額予算の『マーティ』(55)でアカデミー賞を独占し、『独身者のパーティ』、『楡の木蔭の欲望』、『旅路』などたて続けに撮ったりするのは、ハリウッドそのものが作品の質を吟味しえぬまでに感覚を見失っているからだろう。エリア・カザンも『群集の中の一つの顔』(57)から『荒れ狂う河』(60)まで、足かけ三年も映画を撮ることができない。

四八年にリパブリックで二十三日の撮影期間しかかけずに完成させた『マクベス』以来十年ぶりで、オーソン・ウェルズはハリウッドに戻り『黒い罠』(58)を撮る。その間、ブラック・リストに載っていたウェルズは、ヨーロッパで『オセロ』(52)と『秘められた過去』(55)の二本を撮ったのみである。チャールトン・ヘストンがユニヴァーサルに働きかけて実現された『黒い罠』の撮影にウェルズはほぼ満足する。だが、撮影終了とともに、またしても編集権を奪われた彼は、作品が不本意な形態で封切られるのを黙って見まもるしかない。「ハリウッドの雰囲気はまったく変わってしまった」と、ほとんどのシーンをオールロケーションによって撮影されたこの作品について語る。
「映画界の不況はどこでも同じ事だが、ハリウッドではそれがきわだって感じられるからだろう。だが、世界的に質の高い作品が観客の関心を引き始めている時代に、ハリウッドがそのことに全く無自覚なさまにわたしは深い絶望を覚えた」

新たな観客層

ときに単独の主演ものを発表しながらも、ドロシー・ラムーアと組みコンビで人気を得ていたビング・クロスビーとボブ・ホープの「珍道中」シリーズが、五作目の『南米珍道中』(47)で実質的な終わりを迎えようとしていたとき、新たなシリーズを企画していたパラマウントはディーン・マーチン、ジェリー・ルイスに注目、ハル・B・ウォーリスのプロデュースで売り出し、五〇年代前半のドル箱に仕立てあげる。

パラマウント独得な都会的なギャグよりも、むしろ泥臭くおしつけがましい存在感によって観客の心をつかんだマーチン＝ルイスは、農村人口の減退によってふくれあがった大都市周辺部の住人たちの感性に直接語りかける何かを持っていた。彼らの髪型、衣裳のきどりのない親しみやすさは、物質的繁栄に目覚めた非都会型の都市階層の風俗的な好奇心を平板に満足させる。マーロン・ブランドの革のジャンパーやジェームズ・ディーンのジーンズがなおとどめていたスター的象徴性はこのコンビには存在しない。かつて上質の洗練されたコメディを好んだ観客層にかわって、物質的欲求により直接的に働きかける刺激を求める新たな観客層が生まれ、映画館は、スターとは異質の身近な芸人との交流の場となる。これは、女性スターのセックス・シンボルが、ジェーン・マンスフィールドやアニタ・エクバーグの露骨な肉体性に移行した現象とも重なりあっている。

もっともジェリー・ルイスには映画における喜劇への野心と郷愁とが複雑に共存しており、フランク・タシュリンの『画家とモデル』(55)で最高の表現に達した後にディーン・マーチンとのコンビを解消し、やがてシナリオなし、撮影期間十日という異例のやり方で黒白映画『底抜けてんやわんや』(60)を自作自演するだろう。この姿勢は、貴重な喜劇作家として注目されたブレーク・エドワーズの映画作りよりも、『現金《げんなま》に体を張れ』(56)のキューブリックや『アメリカの影』(59)のジョン・カサヴェテスのそれに遥かに近いというべきだろう。映画作家ジェリー・ルイスは、マーチン＝ルイスのコンビより遥かに面白い。

ジェリー・ルイスがたどることになる軌跡は、ある意味でマリリン・モンローのそれにかさなり合う。肉体女優として人気の絶頂にあった彼女が、みずから設立したプロダクションで『王子と踊子』(57)を撮り、ローレンス・オリヴィエと共演するにいたるというのは、それが誰の入れ知恵であったにせよ、映画への野心と郷愁なしには起りえないことだろう。五五年、モンローは二十世紀フォックスとの契約を更新せずニューヨークに出発し、翌年、彼女はアーサー・ミラーと結婚する。そのときダリル・F・ザナックは、監督、脚本、キャメラマンの決定権をも彼女に与えた上で新たな契約書をとり交わさざるをえないだろう。

Ⅶ　1959〜1960

引退の季節

さしたる名作を残したわけでもない一九〇〇年生まれの一人の監督が、スターリング・ヘイドン主演の西部劇『テキサスの決闘』(58)を十日もかけずに撮り上げた直後、映画を断念してテレビに専念する。おそらく低予算のB級映画はブラウン管にしか生き残りえないという予感があってのことだろう。かつてはギャングに近い存在だったというキング・ブラザーズの出資によって撮られた『拳銃魔』(49)の監督ジョゼフ・H・リュイスは、こうして映画から姿を消し二度とメガフォンは握らない。『ジョルスン物語』(47)の演出にも手を貸したこの器用な職人は、繊細きわまりない感性と確かな技術の持主として、五〇年代の「フィルム・ノワール」の隠れた中心人物となるが、全篇同時録音で即興演出を多く含むその撮影法は、遥かにヌーヴェル・ヴァーグを予告するものを含んでいる。脚本に「ハリウッド10」のダルトン・トランボをいち早く起用したり、『秘密調査員』(49)の題材をロバート・ロッセンとともに推敲するあたりは間違いなく左翼的だが、その自作を十年もしないうちに『暴力団』(55)としてリメイクするあたりの大胆な出鱈目さはまぎれもなくB級監督の資質だ。この傾向は、B級犯罪映画によって五〇年代を生きのび、傑作『殺し屋ネルソン』(57)を残したドン・シーゲルへと着実に受けつがれることになる。ジョゼフ・H・リュイス同様B班出身のドン・シーゲルもまた、「ハリウッド10」の脚本家たちを率先して使っているからだ。

ジョゼフ・H・リュイスの五八年の引退は、彼より遥かに高名なA級監督のキング・ヴィダー、ヘンリー・キング、ウイリアム・A・ウェルマンらの不本意な引退とほぼ時期的に重なりあっている。あの屈強なウォルシュさえ大勢には抗えず、『遠い喇叭』(64)を早すぎた遺作として退場して行くだろう。

ヨーロッパから亡命した大監督たちにしても事情は変わらない。大戦中の新ワイマールのメンバーのほとんどはブラック・リストか灰色のそれに分類されたが、ディターレやラングのヨーロッパへの帰国もこの時期に集中して起る。スタンバーグの『上海特急』(32)のリメイク『北京超特急』(51)を反共的に仕上げることで苦しげに合衆国への忠誠を誓ったディターレは、反米的分子としてパスポートがおりず国外ロケの参加に支障をきたし、何とか完成させたセイロン・ロケ作品『巨象の道』(54)の後はまともな題材にめぐりあ

『殺し屋ネルソン』

えず、五九年に農園を売却、永住するつもりのアメリカを離れざるをえない。ジョゼフ・H・リュイスの『秘密調査員』とそっくりな題材の傑作『復讐は俺に任せろ』(53)で最も五〇年代的なハリウッド映画を撮ったフリッツ・ラングも、腐敗と裏切りとの告発に終始したアメリカでの監督生活を『条理ある疑いの彼方に』(56)で切りあげることになる。『風と共に散る』(56)で助演賞ながらドロシー・マローンにオスカーをとらせて以来、人心の安定した合衆国の観客に向けて最良のメロドラマを提供し続けたダグラス・サークも、生涯最高の充実した一時期に、『愛する時と死する時』(58)、『悲しみは空の彼方に』(59)を残してヨーロッパに帰ってゆく。

この時期、全国に散在したドライブイン・シアターは五千近くの数に達し、映画興行全収益の二五パーセントを占めるに至る。映画館そのものも消滅し始めているのだ。

犠牲者たち

70ミリによる超大作の流行により、観客数はわずかながら増加した一九六〇年、スクリーン・アクターズ・ギルドとスクリーン・ライターズ・ギルドとは、ユニヴァーサルを除くメジャー系の各社に対して史上初のゼネストに入る。ハリウッドの俳優たちの総数二万三千人中の九〇パーセントが失業中というのが現状であれば、最も協力的なギルドとして知られる俳優組合も何か手を打たざるをえなかったのだ。技師の八〇パーセントが仕事を

『悲しみは空の彼方に』

持ちえず、六百三十四人のシナリオライターで撮影に関わりえたものは百十人にすぎない。ストライキの争点は、各社の旧作の権利をテレビに譲渡する場合に、脚本家と出演者にもパーセンテージを支払うべきか否かをめぐるもの。

三月七日から四月十日まで続いたストには二万六千人が参加する。要求は部分的に認められるが、その期間に撮影の中断された作品は九本のみである。メジャー系の全撮影所で製作中だった映画の総数は十本以下だったのだから、ハリウッドはもはや映画の都とは呼べまい。MGMはホテル業に進出し、レコード会社の株主となる。ユナイトはテレビ映画の配給会社を支配下におさめる。

では、五〇年代の終わりから六〇年代の始めにかけて、アメリカ映画はどこで撮られていたのか。しかるべき予算をかけた作品の大半はヨーロッパで撮られていたのである。あたかも亡命者ジョゼフ・ロージーのあとを追うようにして、ハリウッドそのものがヨーロッパに移住してしまったのだ。事実、ロンドン郊外のパインウッド撮影所、ローマのチネチッタ、サミュエル・ブロンストンがマドリッドに建設したスタジオにハリウッドの映画人が移住し、出演するスターの多国籍化が急激に進む。それにつれて、伝統的な撮影所のカラーと得意のジャンルが失われてゆく。チネチッタで『戦争と平和』(56) を撮って間もないキング・ヴィダーが、『ソロモンとシバの女王』(59) を遺作として他界したことがいかにも象徴的であるように、古典的なハリウッドの監督たちの活動は、ほぼこの時期で終わっているといってよい。にもかかわらず、あたかもあらゆる監督が五九年に他界したセシル・B・デミルの後継者たりうるかのように、異国で70ミリの歴史超大作の演出を任されることになったのである。これが五〇年代アメリカ映画の悲劇にほかならない。

なんとも皮肉なのは、五〇年十月のスクリーン・ディレクターズ・ギルドの総会でデミルに対抗した若手の監督たちが、当のデミルの後継者のような役割を演じさせられたという事実である。彼らは、ハリウッドとヨーロッパのスタッフとの混成部隊を操りながら、慣れない題材と悪戦苦闘しなければならない。それぞれの作家に特有の細部を発見する喜びが禁じられていなくもないとはいえ、マンキーウィッツに『クレオパトラ』(63)が撮れるはずがないように、ニコラス・レイに『北京の55日』(63)が、アンソニー・マンに『ローマ帝国の滅亡』(64)が撮れないことをわれわれはよく知っている。にもかかわらず、彼らにこうした映画の演出を任せてしまうプロデューサーが出現したこと自体、ハリウッドの撮影所システムが崩壊しつつある事実を証明しているだろう。

車椅子姿で登場する『北京の55日』の半身不随のアメリカ大使を演じているのが監督ニコラス・レイそのひとであるように、その多くが低予算の映画でデビューした五〇年代の作家たちは、十年もしないうちにこうした超大作にかかわることで、文字通りその作家的な生命を磨り減らさねばならなかった。事実、アンソニー・マンは、六七年に六十歳の若さで死んでしまう。ロバート・ロッセンが亡くなったのは、それよりも一年早い。ニコラス・レイも引退同然の生活をしいられたのち、七九年に他界する。三〇年代にはニューヨークの演劇青年だった五〇年代作家の大半は、いずれもそのキャリアをまっとうすることができず、古典的な監督たちの引退とほぼ同じ時期に、映画から遠ざからざるをえない。デビューが比較的遅かった彼らは、前の世代の監督たちの半分も映画を撮る機会に恵まれてはいなかったのである。

どうやら政治的な攻撃をかわしたと思った瞬間に、撮影所そのものが崩壊してしまったのだから、世界の映画史でこれほど不運な世代もまたとあるまい。だが、活躍の時期の極端な短さにもかかわらずわれわれがあくまでハリウッドの五〇年代作家に注目したいのは、彼らが映画と交わすいかにも不幸で希薄な関係そのものが、撮影所システムが消滅したのちになお映画と向かいあい続けているものたちにとって、貴重な体験を示してくれるからである。映画は、三〇年代後半のハリウッド映画最盛期に映画が約束してくれた無意識の喜びを、もはや保証してはくれない。いま、それを映画に求めることは、時代錯誤の振舞いでしかないだろう。

陶酔へと誘うものではなく、たえざる覚醒へと導く不幸な対象としての映画。人びとは、五〇年代作家たちとともに、映画には歴史があり、また歴史が映画をつくるというごく当たり前の事実を身をもって学んだのである。そのことに自覚的たりうるものだけが、なお映画を撮り、なお映画を見ることが許されている。

伝統と継承

いま、われわれは確信をもって断言することができる。ヌーヴェル・ヴァーグは、決してホークスやヒッチコックのような映画を撮ろうなどと思いはしなかった。ジャン＝リュック・ゴダールが処女作『勝手にしやがれ』(59)をモノグラム・ピクチャーに捧げたとき、彼がモデルに選んでいたのはまぎれもなくジョゼフ・H・リュイスのような自由闊達な映画作りの姿勢なのだ。彼が範としたのは、エンタープライズ流の仲間意識であり、ニコラス・レイの『夜の人々』(48)のような精神的なA級性を、サミュエル・フラー的なインデペンデントの簡潔さで実現するのがその野心だったのだ。ゴダールがその『メイド・イン・USA』(66)を「音響と映像とを深く敬愛する方法を教えてくれたニックとサミュエル」に捧げたのはそのためだ。

一九八〇年、ヴィム・ヴェンダースは『ニックス・ムービー／水上の稲妻』を撮り、ニコラス・レイの名前を永遠化する。一九八三年、ダニエル・シュミットは『人生の幻影』を撮り、ダグラス・サーク的メロドラマのハリウッドを超えた深い拡がりを改めて認識させてくれる。彼らはいずれも五〇年代ハリウッド映画を通じて光が何であり、翳りが何であるかを学んだ監督たちなのだ。みずからをあえて減退させながらもそうした教訓を残してくれた五〇年代作家たちに、あなたならどんな言葉をかけることができるのか。一九三五年に「ストライキを！」と叫んだことが間違いだと断言する資格など、誰にもありはしまい。

映画史は、それがいささかも間違いではなかったことを証明している。事実、「ストライキを！」の叫びは、『ウェイティング・フォー・レフティ』の初演から半世紀もの時間が流れた一九八三年に、合衆国のあるインデペンデント作家によって、まぎれもなく継承されていたのである。処女作『ノーザン・ライツ』(79)がカンヌで注目されながら、資金難からビデオで撮られねばならなかったロブ・ニルソン監督の第二作『シグナル７』(83)には、クリフォード・オデッツのこの戯曲が登場しているのだ。しかも、ジョン・カサヴェテスに捧げられたこの映画の主人公たちは、文字通りのタクシー・ドライバーなのである。

疲労の跡を色濃くたたえたここでの中年の運転手たちは、役者となる夢を捨て切れずに、夜はタクシーのハンドルを握りながら、機会があれば、素人劇団のオーディションにでも進んで出掛けてゆく。その舞台で演じられようとしているのが、まさに『ウェイティング・フォー・レフティ』なのである。ジョゼフ・ロージー、エリア・カザン、ニコラス・レイという三人の「五〇年代」作家が、青年時代にその上演にかかわった戯曲の断片が、一九八三年のしがないタクシー・ドライバーたちによって演じられている。彼らは役者としては採用されはしないだろう。だが、アメリカ映画の歴史に多少とも親しんでいるものなら、この光景に心を動かされずにいることはむつかしい。はたして、監督ロブ・ニルソンが、そのことに充分自覚的であったかどうかはわからないが、われわれは、この『シグナル7』のオーディションの場面にクリフォード・オデッツの戯曲が登場していることのうちに、ある映画史的な継承の身振りが演じられていると思わずにはいられない。また、この映画を見ているアメリカ人などほとんどいないだろうと予想できるが故に、あるむなしさを覚えずにはいられないのである。

事実、ロブ・ニルソン監督の最新作『ヒート・アンド・サンライト』(87)は、合衆国でもまったく当たらなかった。プロデューサーから監督に転向した『真実の瞬間《とき》』(91)のアーウィン・ウィンクラーが、ロバート・デ・ニーロに託して「五〇年代」作家の記憶をメロドラマ化すれば、それなりに客は入りはする。だが、それよりも遥かに優れた作品『シグナル7』を撮ったロブ・ニルソンの名前は、合衆国でもまるで知られていないのである。「五〇年代」は、アメリカ映画にとって、いまなお不吉ななにものかとしてとどまっている。とするなら、その記憶を継承するのはわれわれ自身でなければならないだろう。だが、誰がそれにふさわしい方法を持っているのだろうか。

エリア・カザンを裏切者と呼ぶだけで何らかの態度表明を果たしえたかに錯覚できた時代は、まだ幸福であった。サミュエル・フラーを反共作家と錯覚しえた時代も、やはり幸福だった。ダルトン・トランボが匿名のままオスカーを獲得した事件が、何か意義深いことだと錯覚しえた時代も幸福だった。ジョゼフ・ロージーを、彼がいち早くヨーロッパに亡命したことで評価しうると信じられていた時代も幸福だった。『大砂塵』を、それが赤狩りの記憶につらなる映画だという理由で注目しえた時代も幸福だったといえる。そうした幸福を自分に禁じながら、いま、人は、どんな言葉を映画にさし向ければよいのか。映画は、またしても、饒舌と失語の中間にわれわれを放置したまま、なお、そこにとどまり続けている。

第二章　絢爛豪華を遠く離れて

――「B級映画」をめぐって

I　Poverty Row　またはなぜ「B級」なのか

ハリウッド、その豊かさと貧しさ

ハリウッドという二十世紀の神話的な地名から、「絢爛豪華」といった豊かさのイメージしか連想できない人は、アメリカ映画に対する途方もない誤解に安住しているといわねばなるまい。「絢爛豪華」であることは、その特性のほんの一部にすぎず、名前さえ知られていない役者たちが、安っぽい装置の中を冴えない顔でうろつくだけの映画が、ハリウッドでも大量に生産されていたからである。「絢爛豪華」な作品ばかりを送り出していたのでは、システムとしての撮影所は機能するはずがないのであり、そうした現実に視線を向けずにおくと、映画をめぐる思考はたちどころに抽象化してしまうだろう。

たしかに、映画には、人を理由もなく楽天的な風土へと誘う麻薬のようなものが含まれている。華麗な銀幕とやらに視線を向けていると、政治的＝経済的な現実はたちどころに遠ざかり、すべてが甘美な夢へと変容してゆくような気がしないでもない。この抽象的な濾過装置がうまく作動しなければ、夢の工場としてのハリウッドが、その独特な映像と音響とで世界を征服することなどありえなかったはずである。あのメロドラマ、あのミュージカル、あの西部劇、あの犯罪活劇の一景が、大スターたちの表情とともに華麗な忘れ難い記憶としていまも脳裏を横切ったりするのは、そのためである。実質的にはいまや廃墟と化したことを知っていながら、なお、ハリウッドの一語に胸をときめかせずにはいられないのも、そうした理由による。

にもかかわらず、ハリウッドが、「絢爛豪華」な人工都市としてのみあったのではないという苛酷な現実は残る。そもそもアメリカ映画の歴史は、その発生いらい二十年近くをハリウッドなしですませてきたのだし、東部の映画人にとっては植民地にすぎなかった合衆国の西海岸に生まれたこの神話的な都市には、すでにサイレント時代から、貧民街とも呼ばるべき一画がまぎれもなく存在していたからである。

貧民街といっても、それを比喩的な意味に理解してはならない。「貧窮通り」Poverty Rowという言葉が、れっきとした術語としてアメリカ映画史に登録されているからである。その「貧窮通り」に事務所をかまえる独立プロデューサーたちは、メジャー系の撮影所の社長のように、たえず背後に巨大な資本をかかえているわけではなく、朝から晩まで資金ぐりに追われ続けている。彼らにとって厖大な負債による倒産など日常茶飯事で、だから、いくつもの中小プロダクションが生まれては消えてゆき、その名前も、大半はごくあっさり忘れられてしまったものばかりなのだ。とはいえ、低予算による短期間の撮影という悪条件にもかかわらず、彼らのうちの幾人かの創意が市場に送り出した良質の商品なしには、アメリカ映画は、その歴史の大半を失わざるをえなかったはずなのだ。メジャー系の製作会社が合衆国の市場をまがりなりにも独占しえたのは、一九三〇年代のごくわずかな期間にほかならない。それは、国家が不況克服の政策としてメジャーのカルテル化を容認した一時期のことである。とりわけ、一九二〇年代後半のトーキーへの移行と、大恐慌以後の経済的な混乱と、ラジオという新たな大衆文化の隆盛によって構造的な転換をしいられた映画産業は、それがどうにか経済的な基盤を立て直す三〇年代の中期までは、いわば「貧窮通り」の住人たちによる知恵と活力とによって、かろうじて不況時代を乗り切ることができたといっても過言でない。

「貧窮通り」が送り出す低予算の早撮り映画を、ここでとりあえず「B級映画」と呼ぶことにする。とりあえずというのは、「B級」という呼び名そのものが生まれるのにはまだ時間がかかるからである。「B級映画」という日本語は、いまでは一般的に《Bs》と呼ばれているB pictures の訳語だが、その名の起源は必ずしも明確ではない。さまざまな異なる見解が矛盾しあっているとはいえ、その命名が、「貧窮通り」ではなく、一応は豊かなものとみなされるメジャー系のスタジオの構造に由来するといった複雑な事情もあるので、「B級」の定義はいま少し先に試みることにする。ただ、日本語の「B級」という訳語に含まれる「級」という単語が、A、B、C、……というヒエラルキーの概念を予想させ、そこから、よく二流監督の作った安易な発想にもとづく粗製濫造のプログラム・ピクチャーの同義語となってしまっているが、それが決定的な誤解にもとづくものだということだけは記しておきたい。作品の質の上でなら二流、三流といった評価はいくらも可能だろうが、アメリカ映画史には、正確に「A級」、「B級」の二組の対立しかなく、「C級」、「D級」というものは存在しないからである。B pictures という言葉は、二本立興行の前座としてお目あての本篇の前に上映される短い作品をいうのだから、ちょうどシングル盤のレコードのA面とB面のように、そもそも二つの区別しかありえないのだ。そして、アメリカ映画における二本立興行の一般化は三〇年代の始めに位置づけられているので、原理的には、それ以前には「B級」という概念そのものが存在しえなかったことになる。

歴史的な概念

「B級映画」とは、映画産業におけるあくまで歴史的な現象であり、作品の価値に由来する概念ではない。厳密な意味での「B級映画」は、ハリウッドの撮影所システムが円滑に機能した一九三二年から一九四七年までのほぼ十五年間のアメリカ映画にしか存在していないからである。なぜこの二つの年号が重要かはのちに詳述されるだろう。いずれにせよ、近年アメリカで作られている恐怖映画の一部を、「B級ホラー」と呼ぶことは、語の本来の意味からすれば間違いなのである。もっともこうした誤解は、なにも日本に限られてはおらず、本国のアメリカでも研究者の間にさえ多くの錯覚が生まれ、まぎれもないA pictures の一篇として撮られたハワード・ホークスの犯罪映画を「B級」と呼んで事態を混乱させるといった事態もしばしば起っている。確かなことは、いまや消滅した歴史的な一ジャンルとして「B級映画」というものが、かつてはまぎれもなく存在していたということだ。その歴史的な使命を終えて、いまや地上からすっかり姿を消してしまったカテゴリーとしての「B級映画」。だが、これから行われようとしているのは、すでに存在しない「B級映画」を懐かしみ、それを新たな信仰の対象に仕立てあげようとする試みではない。そもそもわれわれは、信仰の対象とするほど多くの「B級映画」を見てはいないのだ。いったい誰が、マックス・ノセックを懐古しうるだろう。郷愁をこめてエドガー・G・ウルマーを論じうるものがいるだろうか。ロバートの弟カート・ジオドマークの書いたシナリオの一つでも、心を震わせて想起しうるものがどこにいるのか。ビクトル・エリセの『ミツバチのささやき』(73)を見て、ロバート・フローレーに思いを誘われたものが何人いたというのか。また、彼にそこまで望むのは無理だとしても、ケン・ラッセルの『ゴシック』(87)を見ながら、その文学趣味に苛立ち、その映画史的な鈍感さを心から軽蔑したものがどれだけいたというのか。

『フランケンシュタイン』をイギリス・ロマン派の詩人シェリーの妻メアリーの原作小説に結びつけたり、東欧の伝説だといい張ってみたり、そのハリウッド版の第一作の監督がジェームズ・ホエールだと断言してはばからぬ精神がまぎれもなく存在している。そうした文化的な姿勢によって映画はいまもなお抑圧されているし、ケン・ラッセルといった程よく文化的な精神の持主も、その種の抑圧に快く手を貸しているのだといえる。原題にあえてブラム・ストーカーのと謳った『ドラキュラ』のフランシス・フォード・コッポラでさえ、心ならずもこの抑圧に加担している。われわれが、いまあえて「B級映画」を語ろうとするのは、その種の無意識の抑圧にさからう必要を感じているからだ。

『フランケンシュタイン』の第一作が「A級映画」か「B級映画」かは意見のわかれるところだ。というのも、この作品が撮られた時期のハリウッドには、まだ二本立興行に対する確乎たる政策が存在していなかったからである。にもかかわらず、われわれは、『フランケンシュタイン』をめぐって、メアリー・シェリーだの東欧伝説だのジェームズ・ホエールだのといった話題をめぐって饒舌になろうとする精神に向って闘いをいどむ。「B級映画」を擁護することになるのは、そうした姿勢を介してでなくてはならない。

そこで、「B級映画」とともにあろうとするわれわれは、こう、誇り高く宣言することから始めたいと思う。映画『フランケンシュタイン』の真の作者は、名高いイギリスの詩人の妻でもあった女流作家ではなく、一人のフランス人である、と。その名前はロベール・フローレー。ロバートと名乗ったハリウッド時代の作品によって多少は知られた名前である。「B級映画」の歴史は、亡命者としてではなくハリウッドに乗り込んだこのフランス人とともに始まり、そして終る。それはいったいどういうことなのか。

II Frankenstein の誕生

ユニヴァーサルのフランス人

ブルターニュ出身の家系の一員としてパリに生まれ、幼くして両親を失ってスイスの寄宿舎で育てられたというその経歴からして、ロベールとフランス読みするのが正しかろうロバート・フローレーに対して、映画史は一貫して非礼を働き続けていたわけではない。ルドルフ・ヴァレンチノの秘書やダグラス・フェアバンクスのマネージャーのような仕事を引きうけながらやがてハリウッドで助監督となり、『ココナッツ』(29)でマルクス兄弟の初めての本格的主演作をジョゼフ・サントリーと共同で撮ってからヨーロッパに戻り、フランス初の本格的なトーキーをパリのロケーションとイギリスの撮影所で撮ったことは知られているし、『チャップリンの殺人狂時代』(47)に監督補佐として参加していることも、映画史的な事件として記憶されている。

二〇年代末から三〇年代初頭のヨーロッパ帰還中にベルリンのウーファ撮影所で、スペイン初のトーキー映画を監督してもいるこの国際的な作家の映画史への貢献は、ハリウッドに戻ってから決定的なものとなる。ユニヴァーサルのカール・レムレ社長に怪奇映画を作ってみたいと申し出たことがそれである。『オペラの怪人』の権利を獲得したばかりのレムレは、このフランスからの新帰朝者にOKのサインを出す。その怪奇映画の企画こそ『フランケンシュタイン』にほかならない。そして、ロバート・フローレーの提案がなければ、その後、ユニヴァーサル社のドル箱シリーズとなるあの東欧系の怪物がハリウッド映画に独特な翳りを投げかけることにはならなかったろう。つまり、メアリー・シェリー原作のゴシック・ロマンスが、カリフォルニアの陽光を浴びて視覚的な生誕を演じるということはなかったはずなのだ。

ジェームズ・ホエール監督の『フランケンシュタイン』(31)が、怪優ボリス・カーロフを一躍世界的に有名にしたことはよく知られている。だが、カール・レムレにシナリオと詳細なカット割りとを提出したフローレーにとって、真のフランケンシュタイン役者はボリス・カーロフではなかった。事実、彼は、いま一人の怪優ベラ・ルゴシを主演に使って二巻ほどのフィルムをテスト版としてまわしているのである。だが、結局のところ会社が採用したのはシナリオだけで、ホエール＝カーロフのコンビで映画は製作されてしまう。フローレーの名前はシナリオライターとしてもクレジットされることはないだろう。真のフランケンシュタインの生みの親ともいうべきロバート・フローレーが得たものは、いま一つの企画だった『モルグ街の殺人』(32)を監督するチャンスのみである。これに主演するベラ・ルゴシが第二代目のフランケンシュタイン役者となることはいうまでもない。

必ずしも成功した作品とはいえない『モルグ街の殺人』にロバート・フローレーがカール・フロイントをキャメラマンとして起用していることは、彼の野心が奈辺にあったかを告げるに充分な事実だろう。ドイツ時代にはムルナウやフリッツ・ラングの撮影監督だったフロイントは、渡米直後にトッド・ブラウニングの『魔人ドラキュラ』(31)をも撮っているが、光と影との繊細な戯れから不吉な雰囲気をフィルムに定着することに秀でた彼が、東欧的な暗さを合衆国西海岸のステージに造型してゆくという途方もない作業に意識的でありえたのは、おそらくユニヴァーサルの上層部であるよりはロバート・フローレーの存在によるものだったはずである。事実、その誕生に彼自身が深く加担することになったこの時期のユニヴァーサルの一連の怪奇映画には、およそ「絢爛豪華」さとは異質の深い暗さが漂っている。

この暗さを、不況時代の合衆国の象徴ととったりするのはやめにしよう。それは、何にもまして映画的な暗さだからである。のちに外景のロケーション撮影が多い作品に起用されることがあったりもするとはいえ、カール・フロイントは、何よりもまず影の人だからである。またその暗さは、別の作品であれば絶対に主役を演じることのない個性的な俳優たちを怪物として起用し、美男美女の派手なスター不在のまま映画を仕立ててあげてしまうという経済的な理由からくる暗さでもあるだろう。そしてその暗さは、「貧窮通り」のプロデューサーたちによって準備され、数年後に制度として確立することになる「B級映画」にまといついて離れぬ暗さでもあるはずなのだ。

リトゥル・スリーの悲哀

ところで、ロバート・フローレーその人が暗く陰鬱な性格の持主であったかというと、これが明朗そのものなのである。残されている多くの肖像写真でもきまってパイプ姿の楽天的な笑顔を浮べているが、世界的に有名な怪物映画の企画者でありながらも監督たる道を奪われた過去を嘆くどころか、その後もおびただしい数の作品に、クレジットされぬままシナリオを提供したり、B班の撮影を買って出たりしているのだ。傑作というべきものをほとんど残していないが、その不運を嘆いたりもしないだろう。契約監督としてユニヴァーサルからパラマウント、コロムビアと渡り歩いたが、そのつど、会社の看板スターと呼べるような俳優とは一度も仕事をしていない。むしろ、「ミスター・モト」の連続シリーズものを除いてはほとんど主役を演じたことのないピーター・ローレの数少ない主演作品を、生涯で二本も撮っていることを誇りとさえしているようだ。

事実、火事で人相が変ってしまったピーター・ローレが、以後、ギャングの頭領となり、愛する女性を殺した敵方のギャングを砂漠におびき出し、彼らとともにみずからも飢えと渇きで生命を落とすという『仮面の裏の素顔』(41)が代表作だといわれているが、ロバート・フローレーは一九五〇年を境に映画を放棄し、百を越えるテレビのシリーズものを担当したのだから、「ヒッチコック劇場」や「アンタッチャブル」、あるいは「トワイライト・ゾーン」の一篇として、それと知らずにわれわれが見ている彼の作品は、スクリーンよりもブラウン管の方が遥かに多いかもしれない。

ロバート・フローレーの映画からテレビへの転身は、スクリーンにおける「B級映画」の消滅とほぼ正確にかさなりあっている。これまで、何が「B級」なのかの定義はまだ下していないのだが、ほぼ五〇年を機に、その種の早撮り低額予算の伝統は、テレビに移行することになるとのみここでは記しておくことにする。

ところで、ロバート・フローレーは、なぜ『フランケンシュタイン』の企画を思い立ったのか。おそらく、この発想がなければ三〇年代のユニヴァーサルの利益の大半は消滅したはずなのだが、のちにイギリスのハマー・プロがカラーでリメイクすることになるユニヴァーサルの一連の怪奇映画の原点に、それとあからさまに名前を残すことなく一人のフランス人が介在したという事実を、どう説明することができるのか。

われわれはここで、ロバートと呼ぶよりふたたびロベールと綴るのがふさわしいフローレーが、青少年時代をスイスで過したことに思いあたる。一九二二年にパリに出てルイ・フイヤードの助手になる以前、彼は、ジュネーヴで二巻ものの喜劇のシナリオを書き、その何本かを監督してさえいるのだが、最近発掘された資料や写真によると、それは、スイスのチャップリンと呼ばれるヴァルター・ゲフェラー主演のドタバタ喜劇らしい。その事実からして、彼がアメリカに渡るのはごく自然な成り行きなのだろうが、ここで問題なのは、彼の残した回想録にしばしば登場するウシーという地名である。これは、レマン湖畔のローザンヌにある社交的な保養地で、彼はそこでマックス・ランデと会ったりしているのだが、バイロン卿が長く逗留していたのも、そして彼を訪れた詩人シェリーの妻メアリーが『フランケンシュタイン』の着想を得るのも、そのウシーの地にほかならない。スイスで青少年時代を過したロバート・フローレーは、このウシーの記憶とともにハリウッドに赴き、合衆国西海岸のまばゆい陽光にさらされつつ、翳りをおびた東欧の怪物どもを蘇生させたということになるだろう。

だがそれにしても、カール・レムレに統率されたユニヴァーサル社は、何という贅沢な使者をレマン湖畔のウシーから迎えたことだろう。しかもその使者は、名前を名乗ることさえせずに、『フランケンシュタイン』誕生の功績のいっさいをジェームズ・ホエールに譲っている。この楽天的な匿名性こそ、「B級映画」を支える精神にほかならないのだが、それがユニヴァーサルと呼ばれる撮影所で可能になった理由は何なのか。

いうまでもなく、ドイツ系の移民カール・レムレによって一九一二年に設立されたユニヴァーサルは、アメリカで最も歴史の古い由緒正しい撮影所として知られている。一五年に落成したハリウッドの撮影所はユニヴァーサル・シティと呼ばれ、当時としては最新の設備を備えた豪華さを誇り、松竹の蒲田撮影所がそうであるように、多くの国の映画会社がモデルとして模倣することになるだろう。フランシス・フォードの連続活劇を初めとして、ブルーバードなどのユニット・プロダクションによるヴァラエティにとんだ作品が、一九一〇年代のアメリカ映画を代表していた事実を知らぬ者はいまい。辣腕の若手製作者アーヴィング・タルバーグや、フランシスの弟ジョンと呼ばれる以前のジャック・フォードが監督としてデビューしたのもこの撮影所にほかならない。

だが、タルバーグもフォードも、ほどなくユニヴァーサルを去ることになるだろう。本来が地方の中小都市をターゲットにしていたその興行政策が二〇年代には時代遅れのものとなり、大都市での先行ロードショウにふさわしい一流の映画館をついに確保しえなかったこの撮影所は、トーキーの到来とともに、大作の製作にもいくつか失敗したあげく、きわめて脆弱な経済的基盤を露呈せざるをえなくなっていたのである。その結果、三〇年代の初めには、コロムビアとユナイトとともに、メジャー系のビッグ・ファイブには到底対抗しがたいリトゥル・スリーのひとつに数えられることになる。ロバート・フローレーが『フランケンシュタイン』の企画を提示したときのユニヴァーサルには、「絢爛豪華」な映画など望むべくもない「貧窮通り」の悲哀がしのび寄っていたときなのである。それが「B級」的な発想をはぐくむのにふさわしい環境であったことはいうまでもない。

III Pictures of the B lot 語源探索

一九二八年十月

ロバート・フローレーがアメリカ映画にもたらした無視しがたい貢献は、彼が「フランケンシュタイン」シリーズの実質的な企画者を演じたことにつきてはいない。おそらく、無声時代をのぞけばエドガー・アラン・ポーの作品のハリウッドでの本格的な映画化である『モルグ街の殺人』(31)は、ポーこそ低額予算の撮影にふさわしい作家であることをロジャー・コーマンに示唆したに違いなかろうといった点でも重要だろうが、ここで指摘しておきたいのは、今日、誰もが気軽に口にする「B級映画」の一語の語源を正確に記録しているのが、これまたフランス人のロバート・フローレーであったという事実である。一九二二年にフランスの映画雑誌の特派員という肩書きでハリウッドに渡った彼は、結局、合衆国に住みついてアメリカの監督になってしまうのだが、ナチズムを避ける目的で余儀なく亡命せざるをえなかったユダヤ系のドイツ人や、第二次大戦勃発を機にヨーロッパを逃れたフランス人たちと異なり、ハリウッド滞在を仮の生活と考える姿勢を徹底して欠いている彼は、多くの友人に恵まれ、ハリウッドの現状とその歴史とをニュースとして本国に発信したり、記録として書き残す作業を撮影と並行して行っている。『アメリカ撮影所での二年間』、『ハリウッド村——カリフォルニアでの撮影所の誕生』等の映画史的な記述のほかに、交友録ともいうべき『魔法のランプ（幻灯機）』、それに人物論としての『ダグラス・フェアバンクス』、『チャーリー・チャップリン』、『アドルフ・マンジュー』等、無数の著作を残している。いずれも、アカデミックな資料的価値というより、たやすく読めるジャーナリスティックな文体で書かれているのだが、にもかかわらず、ときに、撮影所の資料室に残された記録からだけでは知りえない貴重な文章が、そこにまぎれこんでいるという点で、彼のアメリカ映画史への貢献ははかりしれないものがある。

たとえば、「B級映画」という言葉の起源をめぐる記述などがそれにあたるだろう。それは、二〇年代から三〇年代にかけて、将軍からカフェのボーイまで、フランス人の役なら何でも引きうけていたアンドレ・シェロンという芸名のフランス人が、やがて演ずべき役もなくなりハリウッドに住めなくなって、サンフランシスコで夜警として死んだというエピソードが語られている『魔法のランプ』の一部に登場する。そこには、どんな端役でもかまわないから、一つでも台詞がありば使ってくれないかと頼まれたというエピソードが語られているのだが、晩年のこの役者が、「業界の用語で〈クイッキー〉または〈B級映画〉」にしか出られなくなったとはっきり書かれているのである。そして、その「B級映画」の部分に、次のような註がそえられていることに注目しよう。

B pictures　B級映画　この表現の起源は次のごとくである。ウイリアム・フォックス社が、ハリウッドのウェストウッズ・ヒルズに撮影所を新築する決定を下したとき、ウェスタン・アヴェニューの旧撮影所もそのまま残すことになったのだが、フォックス社の上層部は、旧撮影所の主要なプロデューサーであるソル・ヴァーツェルに、新撮影所に移転するよう要請した。ヴァーツェルが聞かされたことは、新撮影所の一般会計が旧撮影所より遥かに多額であるということ、また、製作費も増額されることになるので、一本当りの予算も高くなるだろうということだった。ウェストウッズ・ヒルズの新撮影所が建っていたのが「A地域」、ウェスタン・アヴェニューの旧撮影所の建っていたのが「B地域」であった。ヴァーツェルは、旧撮影所での作品の純益から給料を得ており、そこでの予算は低額であっただけに、彼の利益はかなりの額にのぼっていた。「A区域」での仕事をうけ入れれば予算と純益との差が低くなることを見こして、彼は新撮影所への移転を拒絶したのである。このことがあって以来、ヴァーツェルが製作する製作費の安い作品は、まず「B地域の作品」と呼ばれ、やがて「B映画」と略称されることになる。この名称は、他の映画会社でも、同種の作品を呼ぶために採用されることになった。

読まれるごとく、「B級映画」と訳されている作品は、ハリウッドでその言葉が発生した当初は、純粋に地理的な区別にもとづく分類法に従うものであったといえる。もちろん、その分類法の根底には、経済的な要請が働いている。一本の作品に投資される金額を低く押さえ、売上げ額との差を大きくするというのがその要請である。これは、すでにみた「貧窮通り」の群小プロダクションの政策とほぼ同じものだといってよい。ヴァーツェルの主張は、撮影所を新設し、より多くの予算をかけて豪華な作品を製作しようとするメジャー系の会社の方針にさからうプロデューサーが、「貧窮通り」とは別の場所にも存在したという事実の証言として貴重である。以後、メジャー系の諸会社が、「A級映画」を製作するユニットと、「B級映画」を製作するユニットとの二部門を設けることになったことは、アメリカ映画史の常識といってよかろう。フォックス社にならい、ビッグ・ファイブと呼ばれるMGMにも、パラマウントにも、ワーナーにも、RKOにも、「B級映画」担当のプロデューサーがおかれることになる。これが、トーキー施設を備えた撮影所の建設が盛んであった一九二〇年代後半に起こった新たな現実であること、そして、その現実を踏まえて、三〇年代に近代的な撮影所システムの再編成が行われるだろうという事実は、ほぼ想像できる。つまり、われわれの多くがハリウッドとして知っているもののほとんどは、「B級映画」という概念とともに誕生したものだといってよいのである。

「B級」という新たな現実

「B級映画」という用語の起源を語るロバート・フローレーの記述によって事態はかなり明らかになったと思うが、ここには一つ肝腎な事実が欠け落ちている。語源は詳かにされながら、それがいつのことか触れられていないのである。もちろん、トーキー用の撮影所の建設が語られ、しかもウイリアム・フォックス社と呼ばれ、二十世紀フォックス社とは語られていない以上、それが一九三五年以前であることは間違いない。しかも、アメリカ映画史の年代記は、ウイリアム・フォックス社の新撮影所の開設がいつであるかを、すぐさま教えてくれる。新撮影所のいわゆるムーヴィートーン・シティの落成は一九二八年十月二十八日のことである。それよりほぼ一年前の二七年四月三十日、フォックス社は最初のトーキー・ニュース映画の公開に踏み切っており、以後、フォックス・ムーヴィートーン・ニュースの名で全米に拡大されるニュース網によって常設館を確保してゆく方針の同社にとって、新撮影所がトーキー施設を完備したものであることはいうまでもない。

だが、「B級映画」という表現の起源を一九二八年の十月だと知らされるとき、われわれはいささか戸惑わざるをえない。利益の面でソル・ヴァーツェルが「B地域」にとどまるという決断が正しいものであったにせよ、観客の側には、まだ、その種の作品を要請する気運が生まれていないからである。命名の儀式は確かに行われているが、「B級映画」はまだそれ本来の機能を演じていない。すでに述べたように、「B級映画」が成立するには「A級映画」との二本立てという興行形態が必要となるのだが、ハリウッドにその方式が定着するのは、すでに触れたように、一九二八年よりもっと後のことである。ワーナー・ブラザーズの『ジャズ・シンガー』(27)が全米を熱狂させ、各社が競って撮影所の拡大と施設の充実に狂奔していた二七年から二八年にかけて、アメリカ映画は構造として早撮りの低額予算による作品をいまだ必要とはしていなかった。常設館の番組としては、ドキュメンタリーや短篇を前座として上映すれば、それで文句をいう観客などいなかったからである。

この作品にたちこめているある種の暗さと、ロバート・フローレーの楽天的な匿名性にどこかしらのちの「B級映画」につながるものを指摘しながらも、これまで『フランケンシュタイン』をあえて「B級映画」と呼ばず、フローレーをあえて「B級」監督と断ぜずにきたのもそうした理由による。事実、『フランケンシュタイン』が「B級映画」として撮られた形跡はないし、また、そうでなければならない理由もハリウッドにはまだ存在していなかった。それでいながら、このシリーズの数作目からは、明らかに「B級映画」として撮られることになるのだし、その後のロバート・フローレーの監督する作品は、『仮面の裏の素顔』が典型的であるように、まぎれもない「B級映画」なのである。つまり、「B級」というカテゴリーは、二九年の恐慌に続く不況期に、ごく曖昧なかたちで形成され、三〇年代後半には、否定しがたい現実となっていたのである。そこで、命名の儀式が行われた一九二八年からほんの数年後に起ったアメリカ映画の構造的な変化をさぐってみなければならない。

Ⅳ　quickies, cheapies　そしてその商品価値

量産体制の確立

作家的自覚をまったく持たぬ職人監督が器用に仕上げてみせる娯楽映画や、もっぱら観客動員をあてこんで話題性を誇示するゲテモノ映画や、意欲を欠いた企画が量産する粗濫造のプログラム・ピクチャーが、それだけで「B級映画」たる資格をそなえているわけではないことは、いまや明らかである。「B級映画」として機能しうる作品の特質は、あらかじめ二本立興行の添えものとして上映されることを目的として企画され、製作され、監督されたものだという点につきている。その意味で、『フランケンシュタイン』も、『キング・コング』(33)も、「B級映画」とは呼べないのである。まだ「A級」と「B級」の

区別が存在していない時期の作品なのだから、厳密な意味では「A級」だとさえいえないだろう。

アメリカで二本立興行が確立するのは一九三〇年代の前半であり、これが、不況時代の観客動員数の減少をくい止めようとする制度として有効に機能したことはよく知られているが、それがまず、製作会社ではなく、映画館側の要請であったことは注目さるべきだろう。客足の落ちたことを憂慮した興行主は、景品の進呈など、観客を呼び寄せるためのあらゆる方策を試みたのだが、二本立てはそうした試みのひとつだったのである。もちろん、その要請に従うために、撮影所は製作本数を倍増させねばならない。「B地域の映画」が真剣に製作され始めたのはそうした事情によるのだし、同時に「貧窮通り」の群小プロダクションの作品にも出番がまわってきたことになる。ここに、真の意味での「B級映画」が制度として確立したのである。

トーキー出現の直後ということもあって、一九二九年のウォール街の株の暴落に始まる不況時代がすぐさま観客を映画から遠ざけたわけではないが、動員数の下落は三一年を境に着実に進行し、多くの映画館が閉館に追いこまれた。一九三〇年に週平均一億人近くいた観客が、三三年にはその半数まで落ちこんでしまったのである。

そこで、三二年ごろから始まった二本立興行が、三五年には二万館近く存在する映画館の八五パーセントにまで及ぶことになる。中には、週に三度も番組を改めて観客をつなぎとめようとする小屋もあったというが、このめまぐるしい番組編成によって映画産業は不況時代を乗り切ったのだから、早撮り低額予算映画の需要が急激に高まったことはいうまでもなかろう。一時帰国していたヨーロッパから、『フランケンシュタイン』の企画をいだいてロバート・フローレーが戻った時期のハリウッドとは、こうした新たな試練の一時期だったのである。厳密な意味で、「B級映画」ではなかった『フランケンシュタイン』も、シリーズ化された後半では着実に「B級」化され、狼男と共演させられたりすることになるのだが、それは、この怪物映画の実質的なプロデューサーともいえるロバート・フローレーの「B級」監督化の過程と正確にかさなりあうことになるだろう。それはまた、老舗としてのユニヴァーサルが、レムレ一家の同族会社的な体質から、金融資本の管理のもとに近代的な企業へと変質する過程ともかさなりあっている。新たに社長に就任したネイサン・J・ブランバーグは、かつての映画館主として興行的な手腕を発揮し、一九三九年には、過去十年来の負債を返済し、黒字の経営を定着させることになるだろう。

安定した商品としての「B級映画」

こうした状況の中で、メジャー系の会社は「Bユニット」の充実をはかり、それぞれ独自の専属プロデューサーを配して「B級映画」の量産体制に入る。ロバート・フローレーの語源をめぐる証言に登場したソル・ヴァーツェルはウイリアム・フォックス社が二十世紀フォックス社へと改組された一九三五年以後、「A級」部門の中心的プロデューサーにおさまったダリル・F・ザナックに対して、「B級」の製作主任をつとめることになるだろう。コロムビアの場合なら、ハリー・コーンが「A級」、アーヴィング・ブリスキンが「B級」といった職域分担が明確になっているわけで、何が「A級」で何が「B級」かという区別は、少なくともハリウッドの撮影所システムが揺らぎ始める四〇年代の後半までは、誰がプロデュースしたかによってはっきり決まっていたのである。

「B級映画」の予算は「A級映画」のおよそ十分の一、撮影期間は六週間に対してほぼ二週間と短く、中には二日、あるいは五日で撮りあげられることも稀でなかったという。上映時間は六十分から七十分、長くて八十分というのがその基準である。そこから「B級映画」の別名として、quickies, cheapies という蔑称が生まれるのだが、二本立番組の前座として劇場にかかる場合、本篇の方が歩合制で利益のほぼ四〇パーセントが映画館に落ちることになっていたのに対して、添えものの前座の方は、買取り制となっていた。だから、自社系列の劇場を持たない「貧窮通り」のプロダクションにとっては、願ってもない条件だったといえるし、大都市の配給網において遅れをとっていたユニヴァーサルが、それに注目したのもごく自然な成り行きだといえる。三二年に設立されたモノグラム社が、あるいは三五年に設立されたリパブリック社が、それぞれのスターや専属監督をかかえて低額予算の活劇や連続シリーズものを提供し、かなりの利益を期待しえたのは、三〇年代中期から四〇年代中期にかけての映画産業のこうした構造による。「B級映画」という発想と、それを具体化しうる才能の持主がいなければ、夢の工場としてのハリウッドの「絢爛豪華」さも、経済的に崩壊するほかはなかったのである。

かくして「B級映画」は、投資された資本の少なさとそれにみあった見かけのみすぼらしさにもかかわらず、安定した商品となる。ユニヴァーサルにおいても、伝統の怪奇映画にとどまらず、すでに一九三六年からシリーズ化されていたバスター・クラブ主演の「B級映画」である「フラッシュ・ゴードン」ものの成功がそれに貢献していたことは、いかにも象徴的である。出演料を低くおさえるという目的で、無声時代のスターや、他の作品では脇役しか演じない個性的な俳優を主役に迎え、「A級」の豪華さとは異質の世界を構築し、一方では先述のピーター・ローレやジョン・キャラダイン主演といった演技力の楽しみを観客に提供すると同時に、新しいスターの養成所としても「B級映画」が利用されることになる。

たとえばパラマウント時代のロバート・フローレーの代表作の一つに数えられる『アルカトラズの王者』(38)は上映時間五十七分のまぎれもない「B級」だが、主演がロバート・プレストンとゲイル・パトリックという地味なカップルであるのと対照的に、ロイド・ノーラン、J・キャロル・ナイシュ、ハリー・ケリー、デニス・モーガン、リチャード・デニング、トム・タイラーといった具合に、助演陣の豪華さは「A級」にも見られぬ

『アルカトラズの王者』

ほどのものだ。また、これほど豪華な顔ぶれがそろわなくても、「B級」でなら、犬が主演しようが、馬が主演しようが、子供が主演しようが、それで充分に一本の映画たりえたのである。子役時代のエリザベス・テーラーにしたところで、所詮は名犬ラッシーの助演者にすぎなかったわけだ。

こうした作品の中から、まったくスターを欠いた一本の「B級映画」がニューヨークの批評家たちから高い評価をうけるといった事態が起る。パラマウント製作の『僕の愛犬』(40)がそれである。オスカー候補にとさえ取りざたされたこの少年とその愛犬との愛情を描いた低額予算映画の監督は、のちに活劇の職人として知られることになるステュアート・ハイスラー。ジョン・フォードの『ハリケーン』(37)のB班監督を担当し、『ハイ・シエラ』のリメイク版『俺が犯人《ホシ》だ』(55)を撮ることになるこの監督の初期の「B級」が「ライフ」や「ニューヨーク・タイムズ」で「心暖まる小品」として絶賛されたりするのもアメリカ映画の楽しみの一つだろう。のちのMGMの『子鹿物語』(46)など、明らかにこの映画の成功を意識した「A級」なのだが、本来は「B級」向けの題材だったのである。

もちろん、MGMにも「Bユニット」が存在し、ミッキー・ルーニー主演のティーンエイジャーもの「アンディ・ハーディ」シリーズが名高いが、「絢爛豪華」を方針とする会社の政策を反映し、「B級」的な暗さからは最も遠く、「Bユニット」が存在していながら、

「A級」の撮影においてすら簡潔さをモットーとした結果、両者の区別が困難となったワーナーの場合とは別の意味で、「A級」と「B級」との識別を困難にしている。

ハーバート・J・イェイツが設立いらい社長をつとめるリパブリック社は、まごうかたなき「B級」の専門家だが、「二人の歌うカウボーイ」ジーン・オートリーとロイ・ロジャースの西部劇を中心に番組を編成し、その中から「B級」スターとしてのジョン・ウェインが育ってきたのだが、職人監督ジョゼフ・ケーンが量産する西部劇には欠かせないスタントマンとしてのヤキマ・カナットの存在が、アクション性を高度なものにしていた点は見逃せない。最後まで二本立て興行をうけ入れなかった南部諸州では、週末のナイトシアターに「B級」活劇を上映したが、観客たちは、フランク・キャプラやエルンスト・ルビッチの「A級映画」より、リパブリックの鷲のマークにより大きな拍手を送ったという。

V The《B》Directors　その匿名性と例外性

ジョゼフ・H・リュイス、B級の帝王

ニューディール時代から第二次大戦期にかけての十年間は、ハリウッドが迎えた何度目かの黄金時代であるとともに、「B級映画」にとっては最初にして最後の黄金時代だと定

義することができる。この時期に、早撮り低額予算の作品を監督すべく動員された監督たちはおびただしい数にのぼり、かなり恣意的な選択だとはいえ、ウィーリー・W・ディクソンの『B級監督』にフィルモグラフィーとともに収録されている監督は三百五十人に及んでいる。ロバート・アルドリッチが「B級監督」に分類されていながら、ドン・シーゲルの名前が見当たらないといったあたりは、なんとも承服しがたい人選が行われているのだが、その大半は見たことも聞いたこともない名前であり、かなり信頼すべき「映画事典」にも載っていない顔触れがやたらと多い。「B級映画」とは、その全容をとうてい視界におさめることのできない巨大な匿名の拡がりなのだ。「B級映画」を信仰の対象とする権利など誰も持ってはいないはずだといったのは、そのためである。

実際、ワーナー、パラマウント、モノグラム、リパブリックと渡り歩いては五十本近くの「B級映画」を撮りまくったハワード・ブレザートン監督の作品は、かろうじて戦前の十数本が日本に公開されているのみで、いま、そのイメージを想像することはほとんど不可能に近い。また、そのすべてに目を通す機会があったとしても、さしたる感動は期待できないだろう。「B級映画」とは、それじたいとして、決して面白いものではないからである。

にもかかわらず、われわれが「B級映画」をあえて語ろうとするのは、そうした種類の作品に時折り接しながら覚える途方もない呆気なさの印象に、深く揺り動かされることがあるからにほかならない。良質の「B級映画」がおさまっている不気味なまでの単純さというか、取りつく島のなさというか、何かに促されて追いかけようとはしてみても、その何かにとうてい追いつけまいと諦めざるをえないような素早さが、われわれを置きざりにしてしまうからなのである。単純であることの誇らしさに無防備で接してしまうことの眩暈とでもいおうか、そこに映画があられもなく露呈されてしまったことへの怖れを含んだ喜びといったものを感じてしまうのだ。

それはたとえば、ジョゼフ・H・リュイス監督の『拳銃魔』(49)や『暴力団』(55)といった「フィルム・ノワール」の小品に接するときに誰もがいだきうる実感である。限られた少額の予算、撮影期間の決定的な短かさ、出演料の高くない二流のスターといった否定的な条件を、貧しさの側にではなく単純さの側へと積極的に転化させてしまう大胆さが、彼の映画に生なましい瞬間を導入することになるからだ。『拳銃魔』の場合、「シナリオでは十七ページあった」という銀行強盗のシークェンスを、たった一つのショットにおさめてしまうことからくる途方もない緊張感は、まさしくその大胆な単純さということになるだろう。上映時間があらかじめ決っているので、七十分を超えまいとする演出上の配慮が、無駄のないリズムを全篇に波及させることになり、もうすぐ映画が終わってしまいそうだという予感となって見ている者をせきたてる。ステージに設けられたセット数の絶対的な少なさを、ロケーションでカヴァーするといった撮り方によって、「A級映画」とは全く異質の時間と空間とをフィルムに導入するといった創意あふれる「B級映画」が確実に存在するのである。経済的、物理的な水準での過酷な条件が、作家的資質の例外性をきわだたせることになるという幸福な現象は、「B級映画」の黄金時代にのみ可能な映画的事件だったといえよう。

一九〇〇年生まれというのだから、『拳銃魔』の監督ジョゼフ・H・リュイスは、ジョン・フォードやハワード・ホークスとほぼ同世代に当たっている。彼は、すでにサイレント期から二流会社で編集の仕事をしていたが、三〇年代の中期にユニヴァーサルで監督としてデビュー、プロデューサーのサム・カッツマンと組んで「B級」シリーズの「バワリー・ボーイズ」ものを一本撮って以後、間違ってもメジャー系の会社に雇われることなく、一貫して「B級」専門のプロデューサーたちに重宝がられた。『拳銃魔』を製作したことでその名を高めたキング・ブラザーズも、やがて独立することになるとはいえ、モノグラムの出身なのだが、ジョゼフ・H・リュイスの作品を見ていると、映画には、「B級」の予算で短期間に撮られることで初めて輝きをおびる題材が存在することに、いやでも思いあたらざるをえないだろう。

「B級」であることの輝き

アボットとコステロの「凸凹コンビ」であろうと、いささか薹《とう》の立ちすぎたジョニー・

『拳銃魔』

ワイズミュラーのターザンであろうと、遂に一流映画に主演できなかったランドルフ・スコットの西部劇であろうと何でも撮ってしまったブルース・ハンバーストーンやチャールス・ラモントのような職人監督たちは、いささか華やかさを欠いた小型の「A級」としてのプログラム・ピクチャー作りに徹していたといってよい。これらは、「B級映画」でありながら、「A級」との構造的な違いを誇示することのないその縮小版として、それなりの商品価値を持っていたのであり、ここでは、その種の作品をプログラム・ピクチャーと呼んで「B級映画」から区別することにしよう。「B級」のプロデューサーによって企画され、「B地域」で撮影が行われたものであろうと、「A級」との違いをきわだてまいとする配慮が監督の側に働いているからである。

事実、ワーナー・ブラザーズという会社の場合には、特殊な超大作やシリーズものをのぞくと、商品としての作品の間に豊かさと貧しさとのきわだった違いが見られないようにする政策が存在しており、それは、「A級」であろうと無駄な予算は使うなという社長のジャック・L・ワーナーの姿勢の直接的な反映だったといえる。とりわけ犯罪活劇にあって、「A級」と「B級」との区別は極端に困難なものとなる。たとえば、主役に予定されていたジョージ・ラフトが役柄に不満を持って降りてしまった結果、ハンフリー・ボガートが初めて本格的に主演することになったラオール・ウォルシュ監督の『ハイ・シエラ』(41)などは、限りなく「B級」に近い「A級」として撮られたものだ。サイレント期いらいしばしば超大作をまかされもした超ヴェテランのウォルシュにしてみれば、それが映画である限り「A級」と「B級」の区別などどうでもよかったはずであり、だから、一流監督としての評価など顧みもせず、涼しい顔で「B班」撮影に出発したり、出来そこないの映画に手を加えて完成させたりしながらも、クレジットには監督の名前ひとつ載せようとしなかったのだ。

似かよった経歴を持つアラン・ドワンにも認められるこの種のこだわりのなさに、人は、しばしば一流とみなされている作家に対する以上の共感をおぼえずにはいられない。ウォルシュとともにグリフィスの弟子として出発したアラン・ドワンの場合は、晩年、まぎれもない「B級」プロデューサーのベネディクト・ボジャーズと組んでリパブリック社の西部劇を量産したのだが、「B級」スターとしてのロナルド・リーガンがそこでどれほど鮮明なイメージを獲得することになったかをわれわれは忘れることができない。アラン・ドワンは、ウォルシュとともに、一流、二流といった区別がたんなる虚構にすぎないことを楽天的な大らかさで示してくれた貴重な作家なのである。ともに例外的な資質に恵まれていながら、いつでも、率先して匿名性に埋没してみせるところが彼らの素晴らしさなのである。

だが、われわれが、いま、あえて「B級映画」に固執せざるをえない真の理由は、本来がとりあえずのものにすぎないこの境界線を、あたかも絶対的な現実であるかのようにしてうけ入れたうえで、間違っても「A級」に似てしまうことのない映画作りに徹した監督たちの仕事から、映画史への貴重な貢献といった以上の刺激を受けとめてしまうからだ。たとえばそれは、長篇第一作『勝手にしやがれ』(59)をモノグラム・ピクチャーの記憶にささげたジャン=リュック・ゴダールをいまなお刺激し続けている単純さの不気味な魅力である。そして、『アメリカの友人』(77)のヴェンダースがもたらす感動は、その単純さに深く驚きながら、それがいかにして可能かを問いつめようとして、その過程で単純さからは思い切り遠い複雑さに陥らざるをえなかったものの混乱が、真摯に語られているからにほかならない。彼らもまた、「B級」の予算で短期間に撮られてしまうことで初めて輝きをおびる題材があることを知っている。そして、そうした題材を映画にするのが途方もなくむつかしいという事実をも、彼らは心得ているはずなのだ。

VI Monogram, PRC 単純さの美徳について

大胆な越境者ウルマー

映画は単純なものだし、それを撮る作業もまた単純なものだとゴダールはいう。たとえばホテルがあって、そこで幾組かの男女が出会ったり別れたりすれば、それだけで一篇の

映画ができあがるはずだ。そうした単純きわまる発想のもとに撮られたのが『ゴダールの探偵』(85)であることはよく知られていようし、それがエドモンド・グールディングの『グランド・ホテル』(32)の現代的な変奏形式にほかならぬといった程度のことであれば、だれもが気軽に口にしうる単純な映画史的事実にすぎない。

しかし、事態はそれほど単純なものでもないだろう。そもそもゴダールに、いまさら『グランド・ホテル』形式の映画など撮らねばならぬ必然性などありはしまい。『ゴダールの探偵』がつらなるべき映画史的な系譜は、絶対にエドモンド・グールディングではないと断言できる。おそらく、この作品の最後に出てくる三人の作家への献辞が、そのことを間接的に証明しているはずだ。そこには二人の現代アメリカの作家ジョン・カサヴェテスとクリント・イーストウッドとともに、一人の古典的な「B級」作家の名前が引かれているのだが、ここで意義深く思われるのは、その三人目のエドガー・G・ウルマーの名前だろう。

幾つもの国境を涼しい顔で踏み越えてみせたこのオーストリア系の奇妙な監督は、一九二九年にベルリンでロバート・ジオドマークと共同監督の『日曜日の人々』を撮り、その直後に合衆国にわたり、すでに三四年に、ユニヴァーサルの登録商標となった恐怖映画『黒猫』で、ベラ・ルゴシとボリス・カーロフを共演させていたりする。彼が、ジョゼフ・H・リュイスとともに「B級映画」の帝王と呼ばるべき監督であることは周知の事実だろうが、『ゴダールの探偵』との関係で指摘しておくべきは、彼が『グランド・ホテル』の「B級」版リメイクを撮っているということにつきている。PRC製作の作品『クラブ・ハバナ』(45)がそれである。

プロデューサーズ・リリージング・コーポレーションの頭文字をとったPRCは、ハリウッド的な「絢爛豪華」さからは最も遠い製作会社で、一九三九年の設立いらい、都市の郊外の二番館に「B級」を提供し続けていたことで記憶されている。ロバート・フローレーと同じく、『黒猫』でユニヴァーサルの怪奇映画の質的向上に寄与したのち、シャーリー・テンプル主演映画を撮れとの会社の決定にさからって契約を解かれたウルマーは、ニューヨークのユダヤ系移民のみを対象としたイーディッシュ語のミュージカルや活劇を撮りながら何とか生きのび、四〇年代に「ハリウッド史上最も貧乏な」PRCにもぐりこんで、いきなり早撮りの才能を発揮する。

この時期のウルマーの作品で最も名高いものは、どこかフリッツ・ラング的な発想と雰囲気を持った『恐怖のまわり道』(46)で、あらゆる文献が「B級映画」の代表的な傑作と呼ぶことで一致しているが、トム・ニールとアン・サヴェジという典型的な「B級」スター(顔を思い出せる人が何人いるだろう)を主演に迎えたこの「フィルム・ノワール」ふうの心理的メロドラマは、何よりもまず、上映時間六十五分という簡潔なまでの短かさによって見るものを打つ。製作費の二万ドルは、当時としても歴史に残る低さだという。

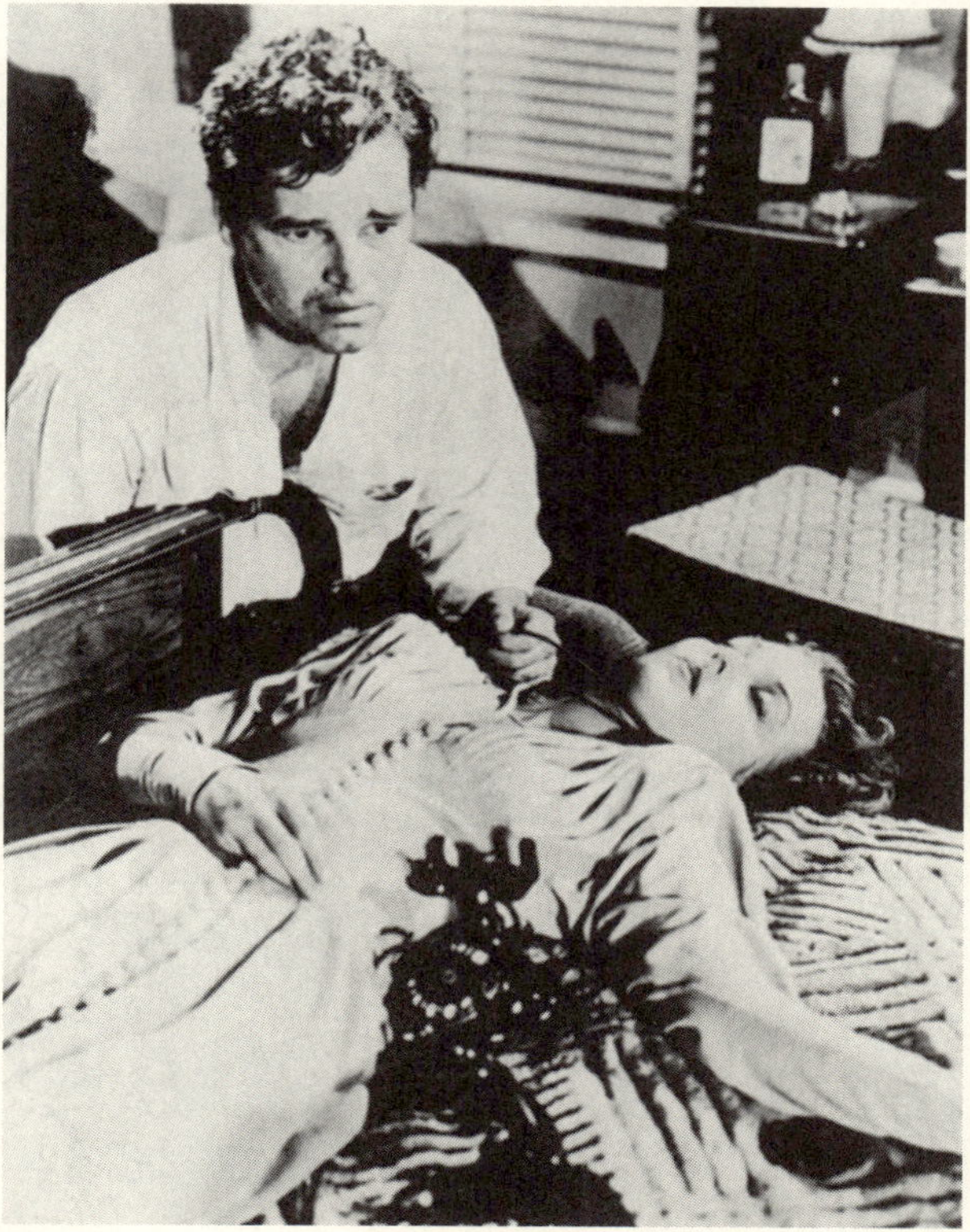

『恐怖のまわり道』

撮影期間は五日（！）。セットは三つ。あとはスクリーン・プロセスの前に置かれた自動車の運転席のみである。なるほど、ゴダールのいうように、映画を撮るというのは単純な作業なのだろう。そして、その単純さを大胆な繊細さへと変質せしめるものが、いわゆる「B級映画」というものなのだ。

「気持ちのよい家族的な雰囲気があり、プロデューサーからの干渉はほとんどなかった」と当時の撮影を回想するウルマーにとって、PRCでの仕事は、苛酷な条件にもかかわらず、作家的自由を保証されたものだったようだ。「かりに干渉があったとするなら、それは金がなかったという一点に尽きている」というウルマーの回想を引き出しているのは批評家時代のピーター・ボグダノヴィッチだが、処女作の『殺人者はライフルを持っていた』（68）のボリス・カーロフの使い方はともかくとして、『マスク』（85）の監督となった彼に、はたしてウルマーの「B級」体験は教訓たりえているだろうか。

おそらく、エドガー・G・ウルマーのPRC時代の撮影から最も多くの教訓を引き出し、いまなおそれに忠実なのはゴダールだろう。『ゴダールの探偵』は、たしかに『グランド・ホテル』形式の作品だとはいえる。だが、「B級」作家ウルマーによる低額予算の早撮りリメイク『クラブ・ハバナ』を介して、ゴダールは初めてハリウッド映画の典型的な形式につらなることになるのである。

だがそれにしても、グレタ・ガルボ、ジョン・バリモア、ウォーレス・ビアリー、ジョーン・クロフォードといった一流スター競演によるMGMの豪華超大作を、限りなく「貧窮通り」に近いPRCで再映画化しようとするエドガー・G・ウルマーとは、いったい何者だろう。セットは一つあれば充分だろうと彼は考える。シナリオなど書くには及ぶまい。一ページの筋書きがあればそれでこと足りる。予算にいたっては、のちの人々がこぞって「滑稽なまでに安い」と評価するほんの数万ドルがあればそれでよい。それでも映画は撮りあがってしまうだろう。

そうした姿勢が、初期のゴダールにどれほどの影響を与えたかは明らかである。『勝手にしやがれ』の撮影に入ろうとするとき、彼が手にしていたのは、フランソワ・トリュフォーの書いたほんの数枚のシノプシスのみだったからだ。彼の映画作りを特徴づけることになる即興演出、それもまたウルマーから学んだものだろう。被写体にキャメラを向けていれば何かが起り、それを編集すれば何かができるといった自堕落な即興ではなく、映画のように世界を生きている作家が、撮る瞬間が編集作業でもあるようにして行う即興演出。こうしたことのできる人だけが「B級映画」を監督する資格を持っているのではなかろうか。

ストック・ショットの活用

だが、映画とは単純なものだと考えたのは、エドガー・G・ウルマーばかりではない。

四一年にユニヴァーサルに入社し、四七年には七本の「B級映画」を量産したレジナルド・ルボーグの場合がまぎれもなくそうした一人だろう。四〇年代の後半は主にモノグラム社で活躍し、ホラー映画からミュージカル・コメディまであらゆるジャンルをこなしたウィーン大学出身のこのオーストリア人は、イングリッド・バーグマン主演の『別離』(39)などのB班担当として名高いが、ユニヴァーサル時代にジュリアン・デュヴィヴィエと一本の映画を共同監督するという奇妙なめぐりあわせを体験している。上映時間六十五分の『宿命』(44)がそれである。まごうかたなき「B級」であるこの作品を、デュヴィヴィエは自分のフィルモグラフィーから抹殺しているが、それはある意味で正しい。というのも、この作品の実質上の監督は明らかにルボーグだからである。にもかかわらず、デュヴィヴィエが共同監督としてクレジットされているのは、彼の撮ったショットがかなりまぎれ込んでいるという理由による。より正確には、デュヴィヴィエが撮影しながら、劇場公開時に、長すぎるという上層部の判断でカットされてしまった部分が、使われているのである。

問題となるのは、ハリウッド亡命中のデュヴィヴィエが監督したオムニバス映画『肉体と幻想』(43)なのだが、三つのエピソードからなるこの作品は、本来、四篇の中篇をまとめたものだったのである。グロリア・ジーンとアラン・カーチス主演の第一篇のカットを命じたユニヴァーサルは、「シャーロック・ホームズ」シリーズや『フランケンシュタインと狼男』(43)などの「B級」を監督したヴェテランのロイ・ウィリアム・ニールをプロデューサーとして、カットされた部分にいくつかのシークェンスを撮り足し、「B級」にふさわしい作品に仕上げることをルボーグに命じる。こうして「B級映画」史上で傑作の一つに数えられる『宿命』が生まれるのだが、とり残しのフィルムからでも映画は作れるのだと証明してみせたのが、レジナルド・ルボーグなのである。

その点から、いわゆるストック・ショットの流用という常套手段が「B級映画」の一つの特徴であることに思いあたる。西部劇でいうなら、フォードの『駅馬車』(39)の追跡場面や、ウォルシュの『壮烈第七騎兵隊』(42)のインディアンの襲撃場面や、ウェルマンの『西部の王者』(44)の川原での戦闘場面などが多くの「B級映画」にそっくり流用されているが、ほとんどの場合、それは作品の安っぽさを証明するものでしかない。

だが、才能ある監督の手にかかると、ストック・ショットの流用が作品と嘘のように調和し、奇妙な輝きさえ帯びることがある。マックス・ノセック監督の『犯罪王ディリンジャー』(45)の場合がそれにあたるだろう。アレグサンダー・M・ノリスという本名を持つポーランド系のこの監督は、すでに何本かの映画をドイツで発表した後に、ナチスを逃れてポルトガルやスペインでそれぞれ一本を撮影、パリで、ロバート・ジオドマークの監修のもとに、『キートンの爆弾成金』(35)を監督するという国際的なキャリアの持主である。

ノセックもまた、渡米後はメジャー系の会社とそりが合わず、ウルマーとともにイーディッシュ語映画をニューヨークで撮ったりしながら、やがてPRCやモノグラム社で「B級」監督としての才能を発揮する。『犯罪王ディリンジャー』は、ローレンス・ティアニーをタイトル・ロールとするキング・ブラザーズ製作のモノグラム社作品だが、かつての大スターであるエドモンド・ローを風格のある脇役で使ったり、エライシャ・クック・ジュニアに台詞の少ない役を演じさせたりする典型的な「B級」犯罪映画である。上映時間は七十分。若くして死んだとはいえ、アメリカの犯罪史上で最も有名なギャングの生涯をこの短かさで語ってしまうというのだから、省略の技法を最大限に活用したテンポの早さがノセックの演出を活気づけている。しかも、その銀行襲撃シーンが、素早い編集でそれと察しがつかぬ配慮が示されているとはいえ、フリッツ・ラングの『暗黒街の弾痕』(37)のストック・ショットをそっくり頂戴してしまったものなのだ。その、あっけらかんとした図々しさこそ、まさに「B級映画」の精神というべきものだろう。

上映時間の極端な短かさにもかかわらず、必要なことのみを語り、たった七十分間で犯罪者の生涯を簡潔さ以上の雰囲気とともに描き出して見せた『犯罪王ディリンジャー』は、やがて程なくアライド・アーチスツへと吸収され、ワイラーの『友情ある説得』(56)やワイルダーの『昼下りの情事』(57)をプロデュースすることになるこの二流会社に、最後の「B級映画」の輝きをそえる傑作である。映画とは、やはり単純なものであり、また

『犯罪王ディリンジャー』

それを撮る作業も単純なものでなければならないだろう。マックス・ノセックの『犯罪王ディリンジャー』は、のちにウォーレン・オーツ主演で『デリンジャー』（73）としてリメイクされる。これまた「B級映画」専門のAIPが製作したジョン・ミリアスの処女作で、好感の持てる映画となっているが、ミリアスが単純さとどれほど真剣に戯れたかは、いささかの疑問が残る。

ところで「B級映画」が映画史にもたらした貢献の著しい特質として、単純さの美徳にとどまらず、アメリカ文化にとっては異質と思われる題材を巧みな翻案によってハリウッドの資産としてとりこむことで、風格のある混淆ともいうべきものをフィルムに定着したことにある。「絢爛豪華」さとは遠いこの風格ある混淆の形式化のために、ヨーロッパ系の才能ある映画人が動員されたことはいうまでもない。

たとえば四〇年代に入ってからのRKOの「Bユニット」を率いるヴァル・リュートンのプロデュースした一連の作品は、フランス人ジャック・ターナー監督の『キャット・ピープル』（42）の成功いらい、怪奇映画と都会的な感性を同調させることで一時代を画すことになる。無声時代の巨匠モーリスを父に持つターナーは、フローレーとともにハリウッドで成功したフランス人の数少ない一人だが、「A級映画」に抜擢された大作より、「B級」に戻った活劇『ベルリン特急』（48）などの方が遥かに充実している。

怪奇映画の面でRKOに遅れをとった四〇年代のユニヴァーサルは、ロバートの弟カー

『フランケンシュタインと狼男』

ト・ジオドマークの小説家としての才能に助けを求め、彼の脚本でロン・チャニー・ジュニア主演の『狼男』（41）を発表するが、サイレント期以来の大ヴェテランで、「B級」の女王と呼ばれる英国出身のエヴリン・アンカーズ主演の「シャーロック・ホームズ」シリーズで小つぶながらヨーロッパ風の画調を得意としたジョージ・ワグナー監督の創造した新たな怪物は、すぐさま他の怪物と共演させられることになるだろう。だが、ロイ・ウィリアム・ニール監督による『フランケンシュタインと狼男』（43）は、脚本家カート・ジオドマークに、一度死んでしまった怪物をいかにして蘇生させるかという難問をつきつける。「私は、二度とこの種の怪物映画の脚本を頼まれないように、必ずラストで殺してしまったのですが、それはむなしい努力だったわけです」と皮肉まじりに彼は慨嘆する。のちに監督ともなるカートは、ハリウッドでは兄ロバートほどの名声は得られなかったが、ジオドマーク兄弟の「B級」的キャリアをめぐっては、改めて論じらるべき多くの問題が含まれていよう。

ロバートのアメリカでのデビューがそうであったように、亡命者ダグラス・サークも「B級」でハリウッドに登場する。だが、ジョン・キャラダイン主演の低額早撮り映画『ヒットラーの狂人』（42）は、PRCの首脳部によって「立派すぎて会社のカラーにそぐわない」と判断され、あっさりMGMに売り渡されてしまう。この厳しさもまた、「B級映画」特有のものなのかもしれない。

Ⅶ Welles, Godard そして「B級」の精神

「A級」でも「B級」でもなく

「「B級映画」がたとえばアカデミー賞などの授賞の対象となったり、ノミネートされたことなどあるだろうか」と皮肉まじりに語り始めるのは、一九四四年のオーソン・ウェルズである。「『男の敵』(35)は、低額予算で撮られてはいるが、監督は有名だし、金の稼げる作品も作っているし、給料も結構とっているので、「B級映画」の一つに数えることはできない」と続けるウェルズの真意は、作曲賞や撮影賞を与えたりする映画芸術科学アカデミーが、真の音響的＝映像的な実験をまったく奨励しようとしない現実を批判することにある。

四四年といえば、ノーマン・フォスター監督、ウェルズ製作の「B級」的色彩の強い『恐怖への旅』(43)がかなり出鱈目に作られた直後なので、ウェルズの言葉もどこかしら真実味を帯びてくる。事実、彼は、シェークスピアを「B級映画」として撮るという大胆なことを『マクベス』(48)でやってのけることになるのだが、リパブリックの撮影所で二十三日間で撮りあげられ、完成時に百七分の上映時間を持っていたこの映画は、配給に

あたっては「B級」たるにふさわしい八十六分に短縮させられてしまうだろう。

もっとも、モノグラムとともに「B級映画」の王者を自認していたリパブリックも、五〇年代には「A級映画」の製作に踏み切り、ジョン・フォードの『静かなる男』(52)でアカデミー監督賞まで受賞してしまう。この事実は、四〇年代の後半から、「A級」／「B級」の区別が曖昧となっていたことを象徴しているといえる。少なくとも興行形態に関する限り、四八年の反トラスト法の成立によって映画館が製作会社の手を離れ、添え物と本篇という伝統的な組み合わせが困難になったことがあるし、テレビに奪われた観客を必死につなぎとめようとする目的でのカラー化が進行した結果、メジャー系の製作する早撮り低額予算の映画がプログラムに組みこまれる余裕が、急速に失われていったのである。

第二次世界大戦後にハリウッドで監督としてデビューすることになる監督たちにとっての映画産業は、「A級映画」と「B級映画」との境目が曖昧に消滅し始めた時期にさしかかっていた。たとえば、MGMで監督へのみちを模索していたジョゼフ・ロージーは、「B級」の「犯罪は引き合わない」シリーズを一本撮っただけで、RKOで『緑色の髪の少年』(48)の監督となるのだが、スターという点では地味な作品でありながら、これはもはや「B級映画」ではない。また、ゴダールはそれを「B級」だと思い込んでいるようだが、同じRKOで撮られたニコラス・レイの処女作『夜の人々』(48)もまた、撮影にはかなりの時間がかかっており、予算は限られていながらも、厳密な意味での「B級映画」ではないのである。四〇年代にRKOの怪奇映画を流行させたヴァル・リュートンの「Bユニット」も、すでに四六年に終わりをつげているのだ。ロージーやニコラス・レイの同世代で厳密な意味での「B級映画」を撮ることができたのは、四〇年代の前半から監督に転じていたアンソニー・マンやリチャード・フライシャーなどに限られている。いまや、「B級映画」を撮れたことが特権とみなされる時代が始まっているのである。四〇年代も末期になると、メジャー系の撮影所においては、たんに大作と普通の映画という違いだけが残されることになるだろう。

一九四八年いらいの撮影所の縮小にともない、「B地域」での製作にかかわっていたスタッフや俳優たちのほとんどは、テレビに職場を移すか、ヨーロッパに逃れるほかはなかったのである。ロバート・フローレーやジョゼフ・H・リュイスの転身が象徴的であるように、「B級映画」を支えた早撮りの低額予算という方法は、以後、テレビのシリーズものに受けつがれることになる。「A級」とともに「B級」も、映画から姿を消さざるをえなかったのだ。

もちろん、製作本数の低下にもかかわらず、たとえばユニヴァーサルのような会社では、怪奇映画の伝統にふさわしく、ジャック・アーノルドは『大アマゾンの半魚人』(54)を撮っていたりするのだが、必ずしも語の古典的な意味での「B級映画」とは呼びがたいものになっている。撮影所敷地の売却にともなって、「B地域」そのものが存在しなくなってしまったからである。残されたものはたんなる二流映画であり、やがて「B級映画」という名称は通俗的な商業映画のそれと曖昧に混同されることになるだろう。撮影期間は十日間、予算は通常映画の十分の一、上映時間は八十分、という単純さが映画に思いもかけぬ不意打ちをくわせる時代はほぼ終わったのである。もちろん、群小プロダクションも徐々に整理され、「貧窮通り」が甘い汁をすいえた時代も遠のいてゆく。中で執拗に生き残る独立プロがあったり、AIPのように新たな野心をもって挑戦する会社が現われたにしても、そこで製作される映画は文字通りマージナルな二流品たらざるをえなくなる。二本立の添えものとして、全国の配給網に乗るようなことは、もはや期待できないからである。

「B級」的な輝きのまわりを旋回しながら

そんな「B級」以後の世界で、かろうじて「B級」的な精神をとどめていたのは、ランドルフ・スコットとハリー・ジョー・ブラウンの設立したラナウン・プロダクションを中心とした、バート・ケネディ脚本、バッド・ベティカー監督の一連の西部劇だろう。登場人物の極端な少なさ、上映時間の短かさ、同じオープンセットの活用など、そこには「B級」的な単純さがみなぎっており、奇蹟的に「B級」が生きのびたかのような錯覚を与えはするが、語の厳密な定義からするなら、これらはもはや純粋な「B級映画」とは呼びがたい。人がバッド・ベティカーを見て心を打たれたのは、それがいまは失われた「B級映画」に驚くほど似ていたからではなく、映画とは本来が単純なものであり、それを撮る作業も単純な事実を単純に証明していたからにほかならない。オスカー・ベティカーの名で監督生活を開始した彼に、純粋の「B級」時代があったことは間違いのない事実だ。だが、彼を「B級」作家として成長させうる余裕が、五〇年代のハリウッドにはなかったのである。六〇年代に入ると、バッド・ベティカーでさえ、もはやアメリカではほとんど映画を撮れない状況が一般化してしまうだろう。

かつて「A級」のインデペンデント・プロデューサーとして活躍し、フォードの『駅馬車』を製作したことで記憶されているウォルター・ウェンジャーは、五一年に妻ジョーン・ベネットのマネージャーを狙撃して投獄されるというセンセーショナルな事件を起こす。これは、いかにも「五〇年代」ハリウッドを象徴するできごとだといえようが、出獄直後に彼がプロデュースすることになる作品にも、「B級」的な精神ともいうべきものがみなぎっている。いずれもドン・シーゲルに演出を任せているが、『第十一号監房の暴動』(54)や『ボディ・スナッチャー　恐怖の街』(56)などは、簡潔さが大スターの不在を補い、単純であることの美徳が画面ごとに輝いている。時代の変化を敏感に察知して低予算の地味な作品で勝負するところなど、さすがにウェンジャーだと思わせはしたが、その数年後に『クレオパトラ』(63)を企画し、これが悲惨な結果に終わったことは誰もが知っていよう。それは、『非情の罠』(55)と『現金《げんなま》に体を張れ』(56)という二本の小品で登場したスタンリー・キューブリックが、その数年後には超大作『スパルタカス』(60)を撮らされてしまうという事情とも共通しているといえようが、いまや、「B級映画」は贅沢品にすぎず、映画産業そのものが、誰にもそんな贅沢を許してはくれなくなっていたのである。かつてなら「B級」にふさわしいと思われていた題材でも、いまでは社運を賭けた大作として撮られねばならなくなっているからである。

そうした事情は、撮影所システムが機能しえなくなった七〇年代に入ってから、「B級映画」の黄金時代を築くきっかけとなった「キング・コング」や「スーパーマン」などが、大作としてリメイクされ始めたことによって証明されている。スピルバーグの「インディ・ジョーンズ」シリーズもあからさまに「B級」的な題材なのだが、それを「B級映画」として簡潔に消費しうる余裕を、映画産業はとうのむかしに失ってしまっている。コッポラの『ドラキュラ』(92)さえ、「B級」の美徳にほかならぬ単純さには背を向けた作品として撮られているのである。多くの製作費をかけていながら、精神として「B級」性をとどめているのは、ティム・バートンの「バットマン」シリーズぐらいかもしれない。

こんにち、「B級映画」が時ならぬ評価の対象となり始めているが、そこにあるのは余裕と贅沢が混在する「B級映画」のまがいもののイメージの肥大したものにすぎない。そもそも、人が「B級映画」という言葉で意味しているものの大半は、野心を欠いた二流の娯楽映画といった程度のものにすぎない。こんにち「B級ホラー」と呼ばれているもののほとんどが、いわゆる「B級映画」とは歴史的にも構造的にも質的にも異質なものだという事実は、そろそろ明らかになり始めているはずだ。「B級映画」とは、ともすれば自堕落な凡庸さへと変質しかねぬ苛酷な単純さにほかならない。その苛酷な単純さは、余裕とも贅沢さとも異質のものである。それにふさわしく撮られた瞬間だけに輝く「B級」的な題材というものが映画にはまぎれもなく存在しており、ハリウッドの撮影所システムが崩壊してのちも、それは撮られそびれたことを嘆きもせずに、われわれを映画へと誘い続けている。だから、語の厳密な意味での「B級映画」が永遠に失われてしまったことを、いまさら嘆いてみても始まるまい。ハリウッドの黄金時代を「B級映画」を通して懐しもうとするのも、およそ愚かな振舞いだというべきだろう。

確かなことは、デヴィッド・リンチの『ブルーベルベット』(86)よりも、デヴィッド・クローネンバーグの『デッドゾーン』(83)よりも、ニール・ジョーダンの『モナリザ』(86)よりも、コーエン兄弟の『バートン・フィンク』(91)よりも、ティム・バートンの『シザーハンズ』(90)よりも、ハル・ハートリーの『シンプルメン』(92)よりも、『ゴダールのマリア』(83)の方が遥かに「B級映画」に近いということだ。六十二分というその上映時間の短かさにおいて、撮影スタッフの少なさにおいて、予算の低さにおいて、そして何よりもまず、その呆気ないほどの単純さにおいて。『マリア』から『ゴダールのリア王』（87）を通過して『新ドイツ零年』（91）にいたるまで、ゴダールは一貫して「B級」の単純きわまりない鈍い輝きのまわりを旋回している。

苛酷な単純さへと向けて映画を組織しなおすこと。その試みは、いま、「A級」と「B級」の違いを越えて、映画そのものが直面すべき試練にほかならない。オーソン・ウェルズやゴダールを、芸術的な「A級」作家に分類しようとする悪しき陰謀には、徹底して抗戦しなければならない。それと同時に、「絢爛豪華」なハリウッドに対して、「貧窮通り」ばかりを擁護することも慎まねばなるまい。「A級」と「B級」の区別が曖昧に消滅したとき、映画は、ハリウッドの撮影所システムの崩壊を代償にして第二の生を生き始めたのであり、その現実に意識的なものだけのために、映画は存在し続けているからである。

第三章　神話都市の廃墟で

――「ハリウッド撮影所システム」の崩壊

I　MGMのタッグマッチ

合衆国にさからって

一九八三年十二月五日、六十五歳になったロバート・アルドリッチは、持病の腎不全を悪化させ、ロサンジェルスの病院であっさり息を引きとってしまう。このニュースが、多くのひとを驚かせたことはいうまでもない。ほんの数カ月前、自作の回顧特集上映を企画したラ・ロシェル映画祭に招かれ、批評家たちの質問に上機嫌で答えていたばかりだったからである。

実際、リチャード・フライシャーとドン・シーゲルとともに、往年のハリウッドの撮影所を知っている数少ない現役のアメリカ映画作家のひとりだったアルドリッチの突然の死は、その遺作に接する機会など到底訪れまいと理由もなく信じていたものたちを、愕然とさせずにはおかない事件だった。「五〇年代作家」のなかでもとりわけ強靭であったはずのアルドリッチにさえ死が訪れるという苛酷な現実は、アメリカ合衆国に対する映画の闘いが一段と不利な状況に追い込まれざるをえないことを、あからさまに告げていたからである。アルドリッチとともにハリウッドは消滅し、以後、合衆国で撮られる映画のほとんどは、たんなるアメリカ映画でしかなくなってしまうだろう。そのとき誰もが捉われたのは、そうした危惧の念であったはずである。

たんなるアメリカ映画とは、合衆国にほどよく類似することを無意識のうちに受け入れている映画のことだ。いわゆる「アメリカン・ニュー・シネマ」のしかるべき部分が、六〇年代を通じて、そうした風潮をとりわけ助長していたことはいうまでもない。それは、アメリカ合衆国に対する映画の敗北宣言を意味している。アルドリッチとともに消滅しようとしているハリウッドとは、合衆国にさからうことでおのれを支えてきた、ある独自の時空にほかならない。事実、ハリウッドで起こっていたことのほとんどは、ほぼ半世紀のあいだ、合衆国にとっては容認しがたいものばかりだったのである。アメリカ映画の歴史は、アメリカという国とそこで撮られる映画とが、決して同じ利益を共有していないという事実の貴重な証言なのだ。ハリウッドが世界を征服しえたのは、それがたんなるアメリカ、映画ではなかったからにほかならない。アルドリッチが体現していたのは、そうしたハリウッドの伝統である。それが、彼の死とともに揺らぎ始めている。
だが、その点をめぐっては、もう少ししてから改めて詳述することにする。ここでは、ロバート・アルドリッチの遺作が、あの驚くべき『カリフォルニア・ドールズ』(81)だったという事実から出発することにしたい。息子のウイリアムにプロデュースを任せたこの映画が遺作となってしまったことには、いまなお納得しがたい思いがしはするが、とめどもなく楽天的と映るが故に深い諦念をもかいま見させるという意味でなら、やはりどこかしら遺言的であるのかもしれない。その『カリフォルニア・ドールズ』が、MGMのマークとともに送りとどけられていたことに、われわれは、なにがしかの感慨を覚えずにはいられない。おそらく、冒頭のマークが図案化されたライオンであったことを忘れてしまった人でも、宿敵トレド・タイガースに闘いをいどむわがカリフォルニア・ドールズの二人が、過剰なという形容が鼻白むほどのきらびやかな衣裳をまとって登場するクライマックスの会場の、壁といわず、マットの表面といわず、いたるところにMGMの三文字が読み取れたことだけは忘れられないはずだ。ところで、あのMGMとは、いったいいかなる意味でMGMだったのだろうか。

もちろん、最盛期には八十人に及ぶ俳優たちを契約下におさめ、三十ものステージに三千五百人の社員をかかえたメジャー系の撮影所としてのMGMは、とうの昔に崩壊している。『カリフォルニア・ドールズ』のクライマックスが撮影されたのは、『巴里のアメリカ人』(51)や『バンド・ワゴン』(53)の豪華なセットが組立てられたカルヴァー・シティーの撮影所のステージではなく、MGMの株の大半を所有する不動産会社社長の経営するリノのホテルでロケーションされたものなのである。その意味で、ハリウッド以後のアメリカ映画を象徴する作品といってもよい『カリフォルニア・ドールズ』の画面のいたるところに姿を見せていたMGMの三文字が、どこかしら白々しく映るのは何とも避けがたいのだが、それを承知で、あえてあの大がかりなラストの対決をMGMグランドホテルに設定したアルドリッチのしたたかさに驚き、また同時に、あえてそうした振舞いに及ばざるをえない彼の姿勢を、痛ましく思いもするのである。ヒッチコックやホークスやルビッチの旧作を涼しい顔でリメイクしてしまう世代の登場を前にしたアルドリッチのハリウッドへのこだわりは、文字通り、いのちがけだったといえるからだ。

社員というよりメッセンジャー・ボーイに近い曖昧な身分でRKOにもぐりこんだ二十三歳のロバートは、ジャン・ルノワール、ウイリアム・A・ウェルマン、ジョゼフ・ロージー、リチャード・フライシャー、ロバート・ロッセン、エイブラハム・ポロンスキーといった監督たちに助監督としてつき、チャップリンの『ライムライト』(52)では共同監督に近い働きを示した後、一九五三年に処女作『ビッグ・リーガー』でデビューする。MGM傘下の独立プロの作品で、配給はもちろんMGMだが、上映時間七十一分の低予算映

『カリフォルニア・ドールズ』

画として製作され、主演というより助演格だが、名の通ったスターとしてはエドワード・G・ロビンソンとヴェラ＝エレンしか出ていない。そのとき、MGMが、スター・システムを誇る絢爛豪華な撮影所というイメージを徐々に変質させつつあったことはいうまでもない。すでに二年前に名高いルイス・B・メイヤーは引退し、低予算映画による若い才能の発掘に賭けたドーリ・シャリーに撮影所の指揮権を譲っている。

五三年といえば、二度目の赤狩りが才能ある監督や脚本家や俳優たちの転向と国外亡命の時期にかさなりあっているし、最高裁判所による独占禁止法をめぐる判決に従って、あらゆる映画会社が直営館を手離さざるをえなくなり、テレビ製作に活路を見出すか、それともRKOのようにあっさり撮影所を売りとばしてしまうかしかなかった時代である。つまり、資本主義的な産業としての映画が、その特権を一つ一つ奪われ、誰が経営しても一つの不条理としか思えなくなった時代にアルドリッチは監督として仕事をし始めた不幸な作家の一人なのだ。映画と合衆国との闘争において、映画の敗北が明らかなものとなり始めたときに、彼はあえて映画の擁護にまわったのだといってよい。持ち前の強靭さによってこの難局を乗りこえ、一時はヨーロッパへの亡命を余儀なくされはしたものの、六〇年代以降は自分のプロダクションを結成し、もっとも多産な現代のアメリカ作家として、二十八年間に三十本もの作品を発表することができたのである。ハリウッド崩壊の予兆はすでにいたるところに漂っているとはいえ、アルドリッチがホークスやフォードやウォルシュ以後のハリウッドのある種の伝統を体現していたのはまぎれもない事実だろう。ロバート・アルドリッチの登場があたりに波及させたインパクトは、合衆国にとどまらず、これから映画を撮ろうとしていた世代に着実にまで及んでいたのである。

たとえば、ジャン＝リュック・ゴダールが『軽蔑』（63）でジャック・パランスに出演を依頼したのはアルドリッチの『悪徳』（55）の記憶があったからとしか考えられないし、ヴィム・ヴェンダースが『ハメット』（82）のキャメラマンのひとりとしてジョセフ・バイロックを所望したのも、アルドリッチとのコンビによるカラー撮影に惹かれたからだろうし、『レポマン』（84）のアレックス・コックスにとってのアメリカ西海岸もまた、アルドリッチの『キッスで殺せ！』（55）のマイク・ハマー的な風土いがいのなにものでもなかったはずである。とりわけ『キッスで殺せ！』がそうであったように、アルドリッチの映画は、メジャー系の撮影所が機能不全に陥った五〇年代後半のハリウッドを代表するものと受け取られていたのである。

はからずも遺作となってしまった『カリフォルニア・ドールズ』でのアルドリッチのMGMへの装われた帰還に、とうてい他人ごととは思われぬ戦慄を覚えずにいられなかったのは、そうした理由による。処女作『ビッグ・リーガー』にも助演していたリチャード・ジャッケルが、リノのMGMホテルでのタッグマッチにレフェリーとして出演していることにも、偶然のめぐりあわせ以上の何かを感じとらずにはいられない。成熟しそびれた不良青年のようなリチャード・ジャッケルは、『攻撃』(56)、『テキサスの四人』(63)、『特攻大作戦』(67)などで、さしたる確信もなく、むしろ弱さから悪への誘惑に身をゆだねる役割を演じながら、アルドリッチ的な世界の表情にアクセントを添えていたのだが、彼もまた、いかにも崩壊期のハリウッドにふさわしい役者ではなかろうか。

廃墟にて

ところで、アルドリッチが奇しくもMGMで処女作を撮り同じ会社で遺作を撮ることになる二十八年間に、ハリウッドそのものが構造的な変質をとげ、MGMの三文字の意味するものが決定的に別のものになってしまっているのはいうまでもない。『カリフォルニア・ドールズ』にあってのMGMとは、何よりもまず不動産業とホテル経営のイメージを喚起するものであり、契約スターと契約監督と契約脚本家と契約キャメラマンとの共同作業によるイメージの商品化の時代は、すでに遠い昔のこととなっている。撮影所システムが健康に機能していた時代の個々の会社の特徴的なカラーなど、どこをさがしても見つかりはしないだろう。そこで、これから、過去三十年に及ぶその変質の過程をたどり、ハリウッド崩壊の象徴的かつ実質的な歴史を跡づけながら、なお、たやすくは消滅しがたいハリウッド神話の廃墟にアメリカ映画がかろうじて存続していることの不思議さを見とどけてみようと思う。

不幸なことに、しばらく前から、アメリカ映画といえば、誰もが清涼飲料水と石油とテレビネットワークと保険会社と不動産業界の支配をごく自然に思い浮かべるようにさえなってしまっており、近年では、映画とは縁もゆかりもない日本企業の名前がそこに顔を出し始めている。こうした凋落の歴史の象徴的な引き金として、超大作『クレオパトラ』(63)の壮大な失敗が、六〇年代初頭のハリウッドを暗い色調に塗りあげていた事実は、多くの人が記憶にとどめているだろう。何人もの製作者や監督や俳優たちの首がすげかえられていったことでも『風と共に去りぬ』(39)を想起させる二十世紀フォックス社の社運を賭けたこの作品は、途中から陣頭指揮に戻ったダリル・F・ザナックとジョゼフ・L・マンキーウィッツの「屈辱的な」努力によって数年越しの撮影を何とか終えたとき、二千六百万ドルの興行収入をおさめながら、なお六千万ドルという記録的な赤字を出し、ハリウッドが、もはや自社の商品をその製造過程で管理しえないさまを業界に印象づけることになる。『サウンド・オブ・ミュージック』(65)の世界的な成功で一時的には体面を保てたものの、ザナックが最終的に辞任する一九七〇年には、フォックスは七千七百万ドルの負債をかかえこむことになってしまうだろう。その後、ジョージ・ルーカスの「スター・ウォーズ」シリーズによって七〇年代を何とか乗り切ったものの、八〇年代に入ると、フォックスはデンバーの石油王マーヴィン・デーヴィスに買収されてしまう。

かつてのメジャー系の大会社がたどることになる運命もほぼこれと似たりよったりだが、

アルドリッチのアメリカ映画界への登場と退場との舞台となったMGMについてみると、その崩壊過程の象徴性と実質とが奇妙に符合しあっていることに改めて驚かされる。一九七〇年の五月に、ときの経営陣が、自社の四十五年に及ぶ栄光の歴史を意図的に抹殺する儀式を演じているからである。ことの始まりは、一九六九年のカーク・カーコリアンによるMGMの買収である。ラスヴェガスでホテルやカジノを経営する不動産業界の富豪にすぎなかったこのビジネスマンにとって、その買収の意義は、カルヴァー・シティのMGM撮影所の土地の再開発にしか認められない。彼はCBSテレビからジェームズ・トーマス・オーブリーを引き抜いて経営権をゆだねると同時に、ほとんど悪魔祓いの儀式に似たやり方で、「土地の精霊」を根こそぎ追放することになる。七〇年五月三日から二十日までの十七日間に、およそ過去の栄光につらなるいっさいの資産を競売にかけるというのが、MGMの新たな経営陣のとった最初の決断だったからである。前後三十二回にも及んだという売立てを通じて、西部劇に必要な蒸気機関車、戦争映画になくてはならぬ戦車などが姿を消すとともに、ターザンやジェーンやボーイの素肌を蔽っていた革製の衣裳、『戦艦バウンティ号の叛乱』(35)でスターたちがまとった豪華なコスチュームやかつらなどが競売に付されたという。それと同時に、水着の女王エスター・ウィリアムズの主演映画には欠かせないプールも、『フィラデルフィア物語』(40)の家のオープンセットも、アフリカのジャングルに見たてた人工的な密林も、ことごとくブルドーザーによってとり壊されてしまうだろう。

あらゆるメジャー系の会社がこれに似たコングロマリットの暴力的な支配に屈したのだから、ＭＧＭの競売だけをことさら郷愁に湿った視線で回想してみてもはじまらないのだが、こうした神話的な過去の抹殺に応じてとられた製作費の切りつめ政策によって、すでに三百万ドルを費やして準備中だったフレッド・ジンネマン監督の超大作『人間の運命』はあっさり製作中止となる。同じ条件下で準備中だったアントニオーニの『砂丘』（70）だけはなぜか救われ、公開にまで持ちこまれるのだが、当初の予算を大がかりにオーヴァーした上に興行的にも失敗し、不動産業者カーコリアンの映画への投資意欲を著しく低下せしめた結果、彼は二千室を持ち一大娯楽施設を収容するＭＧＭグランドホテルの建設を決定する。持株四九パーセントの出資者の発案に反対できる映画部門の重役は、もはやＭＧＭにはいない。

一九八一年に撮られたアルドリッチの遺作がそのクライマックスの舞台装置として持つことになったのは、そうした経緯によってＭＧＭの三文字をいただくホテルだったのである。そこで上演されるショウが「ハリウッド・ハリウッド」と呼ばれていようと、その建築それ自体は、ハリウッドの神話的な過去の徹底的な清算によって可能となったものにすぎない。最後にいたって時ならぬ華麗さをまとうあの女子プロレス用のマットは、いわば、ハリウッド撮影所システムの遺品をことごとく売り払った後に出現した映画の廃墟なのである。そんなことなど百も承知で乗り込んだアルドリッチの、落ちつき払った諦念はどうだろう。あれは、文字通り死に物狂いのタッグマッチだったのだ。一九五三年にデビューした彼には、過去のハリウッドの名作をのんびりリメイクしたりしている余裕も趣味もない。ロバート・アルドリッチにとって、処女作から遺作まで、そのことごとくが映画とは闘いなのだ。

だが、何のための闘いなのか。いうまでもなく、アメリカ合衆国に対して映画を擁護する闘いにほかならない。多くの作家たちがそうであったように、アルドリッチもまた、その闘いのなかばで倒れた。はたして彼は、この闘いの後継者を見出しえたのだろうか。

II　双頭の鷲は死んだ

ニューヨークの役割

ロバート・アルドリッチのあまりにも早すぎた死がはからずも露呈させていたように、アメリカ映画の最良の部分には、映画に対する攻撃の手をいっときも休めようとしないアメリカ合衆国にさからって、映画を擁護する試みであるかのようなニュアンスが漂っている。事実、ハリウッドは、たえず映画いがいの何ものかの、意図的な、あるいは無意識の攻撃にさらされていたのである。これは、アメリカ映画の黄金時代と呼ばれる一九三〇年代からすでにワシントンの議会の非米活動委員会の照準が映画人に向けて絞られていたことからも明らかだし、また不況時代のアメリカ映画界が、社会主義的な理想をいだくニューヨークの演劇人や作家の避難場所となっていたことも事実なのだが、ここでいうアメリカに対する映画の擁護とは、必ずしもその種の政治的な姿勢ばかりを意味しているわけではない。

たとえば、コンピュータによる市場調査に余念のない二十世紀フォックス社の重役たちが、こぞってその成功を信じなかったという『スター・ウォーズ』(77)をあえて製作したジョージ・ルーカスもまた、彼なりのやり方でアメリカに対して映画を擁護しているのである。その後、ヒットメーカーとしての彼を「観客との間にホットラインを設けているかのようだ」と評する人も出てくるが、それは、誰もが時代遅れと断じて成功を信じなかった『駅馬車』(39)をウォルター・ウェンジャーのプロデュースで撮ったときの、ジョン・フォードによる映画の擁護に通じる姿勢というべきだろう。マーチン・スコセッシによるカラー作品のネガ保存の運動、あるいは多くの作家たちの連帯によっても阻止できそうにないモノクローム映画のテレビ向けのカラー化の動きなど、擁護さるべき映画はいたるところで攻撃にさらされている。映画がアメリカと幸福な調和を生きえた時代など、ハリウッドの歴史にはほとんど存在していない。多くの誤解や錯覚からくる幸福な行き違いがハリウッドのための繁栄を世界に向けて印象づけながら、同時にその存立をたえず脅かしていたのである。

にもかかわらず、ハリウッドが豪華な「夢の工場」たる神話にながらく安住できたのは、撮影所システムの最盛期においてすら、ニューヨークの本社がハリウッドの撮影所を手厚く保護してきたからにほかならない。そもそもアメリカ映画が誕生したのはニューヨークだったのだし、初期の原始的な撮影に適した地中海性の気候を求めたプロダクション部門が西海岸に移行した以後も、田舎の地方産業にすぎない映画を世界的企業たらしめていたのは、ニューヨーク本社の重役たちなのだ。アメリカ映画の歴史を考えるうえでしばしば見落されがちなのは、ハリウッドで製作される映画のすべてが、ニューヨーク本社の厳密なコントロールのもとに置かれ、その政策を反映しつつ商品として送り出されていたというごく当り前な常識である。地方の映画館主たちも、ニューヨークからの指令に基づいて作品の宣伝戦略をたて、ハリウッドから送られてくる資料を信頼してはならぬという不文律に従ってさえいたという。アメリカ映画の黄金時代にタイクーンとしてハリウッドに君臨した名高いプロデューサーたち、たとえばダリル・F・ザナックやジャック・L・ワーナーなどにしても、資本主義的な企業の責任ある経営者というより、たんなる現場の責任者であったにすぎない。

サイレントからトーキーへの転換期のアメリカに、しばしば兄弟の製作者が登場した理由もそこにある。コロムビア映画のコーン兄弟もワーナー・ブラザーズのワーナー兄弟も、ともに長兄のジャック・コーンとハリー・ワーナーがニューヨークに君臨し、弟のハリー・コーンとジャック・L・ワーナーとを現場に派遣するというかたちになっているし、血縁組織ではない二十世紀フォックスの場合でさえ、ダリル・F・ザナックは、ニューヨークのスパイロス・スクーラス社長に対して、撮影所部門の専任者であったというにすぎなかったのである。

人がハリウッドという言葉で想像するアメリカ映画産業は、その最盛期において、何よりもまず双頭の鷲のような二人の専任者の調和ある均衡によって維持されていた例外的な分業組織だったのであり、その均衡が維持されている限り、華麗な神話を遅滞無く世界に供給しえたのである。だから、ハリウッドの辣腕プロデューサーたちを、企業の利益に奉仕する冷酷無比な資本家とみなし、創造にたずさわる作家たちから自由を奪う悪役とみなすのは、必ずしも正しい見方とはいえないだろう。自分の気に入った女優ばかりを優遇してフォックス流のスター・システムを確立した帝王ザナックでさえ、ニューヨークに対してジョン・フォードやエリア・カザンを強力に擁護していたのであり、その意味では、アメリカ対映画の闘いにあってはまぎれもなく映画の側に自分を位置づけていたのである。

それと同じことは、ワーナー・ブラザーズのジャック・L・ワーナーについてもいえるだろう。会社の経営権を握っていたのはニューヨークの社長室の長兄ハリーであり、ハリウッドの末弟ジャックは、長兄の企業戦略に従って作品を送り出していたにすぎない。ワーナーが得意とした社会派的プロテスト映画や、アメリカの参戦を促す対独プロパガンダ映画の多くは、民主党の影の黒幕としてルーズヴェルト大統領を支持するハリーの意図を体現しつつ、弟ジャックが巧みに作品化したものだったのである。ある種の郷愁とともに思い出されるワーナー活劇や戦争映画は、まさしくニューヨークとハリウッドとの巧みな連係プレーによって可能となったものであり、だから、戦時中のいささかの行きすぎが問題視され、戦後にジャック・L・ワーナーが非米活動委員会に召喚されても、ワシントンに強い人脈を持つハリーの暗躍によって大事にはいたらなかったのである。

ハリウッドの現場をコントロールしつつも保護するニューヨークという分業組織は、もちろん、メジャー系のビッグ・ファイブの中でも最も大規模なMGMの場合にもあてはまる。カルヴァー・シティにある西海岸のMGM撮影所は、正確にいうなら、ニューヨークに本社を持つ興行会社ローウズの映画部門にすぎないわけだが、もちろん、撮影所には、プロダクション系統を統率する名高いルイス・B・メイヤーがいる。初期にはその片腕アーヴィング・タルバーグがMGMカラーの定着に大きな貢献をしたのだが、その惜しまれる死後もなおルイス・B・メイヤーがハリウッドに君臨しえたのは、ニューヨークの本社の奥深くに身をひそめてほとんど人目に触れる機会もなかったというローウズの真の経営責任者ニコラス・スケンクの指揮系統に揺るぎがなかったからだといわれている。つまり、ニューヨークを欠いたハリウッドは、とうてい「夢の工場」たりうるものではなかったのである。ニューヨークに対するハリウッドのこうした関係を見落した場合、人は、その華やかな黄金時代をノスタルジックに回想することしかできないだろう。ハリウッドの絢爛豪華な楽天主義が世界を征服しえたのは、およそ詩情も夢も欠いたニューヨークの経営陣の冷徹な企業戦略に保護されていたからにほかならない。才能ある作家たちがアメリカに対して映画を擁護しうる理想的な環境としてハリウッドの撮影所が存在していたのであり、この双頭の鷲を思わせる組織の調和ある均衡が維持されている限り、世界に類を見ない構造的な一貫性と審美的統一性をもったフィルムが、一定の商品的価値をまとった文化的かつ政治的な記号として量産され、分配され、消費されえたのである。だから、一九五〇年を境に顕著なものとなり、六〇年代を通じて否定しがたい速度をもって進行したハリウッドの崩壊とは、ニューヨークによる映画の保護機能の低下と、七〇年代に入ってのほとんど完全に近い機能停止いがいの何ものをも意味しはしない。ニューヨークを失ったハリウッドがもはや映画の都たりえないことは、組織の構造上ひとつの必然というほかはなかったのである。

プロデューサーとはなにか

ニューヨークの本社にかわってデンバーの石油王が、サンフランシスコの保険会社が、ラスベガスの不動産業者が、あるいはアトランタの清涼飲料水販売の専門家が撮影所の経営権を握り始めた一九六〇年代の後半、ハリウッドは、アメリカに抗って映画を擁護するための防波堤を失い、素裸でアメリカと向き合わねばならなくなったわけだ。そのとき映画作家たちは、自分とアメリカとの間に共通な言葉が存在しないことを知り愕然とする。一九五〇年にＭＧＭでデビューしたリチャード・ブルックスは、あのわからずやのルイス・Ｂ・メイヤーでさえ話が通じたと七〇年に入ってから述懐しているほどである。『特攻大作戦』(67)の主役にジョン・ウェインを使えと強制するＭＧＭの首脳部にすっかり愛想をつかしたアルドリッチも、次回作の『女の香り』(68)からは自分のプロダクションを設立し、製作をも兼ねるようになる。

一九七六年にリーダーズ・ダイジェストの資本でサラ・ベルナールの生涯を映画化したリチャード・フライシャーは、重役たちの介入によってシナリオから映画的要素が次々に殺菌されてゆくことに啞然とさせられる。プロデューサーのヘレン・Ｍ・ストラウスは、監督の意図になどまるで耳を傾けなかったばかりか、出資者に対してその不満を代弁する役など演じようとする気配もなかったという。あらゆる困難な条件下で暴君的なプロデューサーとの妥協をかさねてきたプロフェッショナルであるはずのフライシャーにとってさえ、リーダーズ・ダイジェストのために映画を撮るということは、前代未聞の体験だったらしい。この国民的な出版社の幹部との間には、まったく言葉が通じなかったというのである。そうしたときに発揮さるべきプロデューサーの通訳としての役割を、ヘレン・M・ストラウスは完全に放棄してしまい、その結果、できあがった作品『信じがたいサラ』(76)は、この神話的な女優の前半生を文字通りダイジェストしたに終り、フライシャーの才能をもってしても映画を擁護することは困難だったのである。

そもそも、享楽と背徳に彩られたフランス第二帝政期を舞台に、ほとんど売春婦と同義語だった女優の物語を健康に映画化しようというリーダーズ・ダイジェストの意図そのものが奇妙なのだが、フライシャーは、そこにサラの妹を登場させ、男に弄ばれた上に麻薬で身を滅ぼすという筋立てをアクセントとして導入することで物語の平板さを救おうとした。この部分が、出版社の重役会議で問題となり、未婚女性の不倫も覚醒剤による転落もスクリーンに描くべきではないと判断される。フライシャーが蒙らざるをえなかったシナリオの殺菌作用とはそうしたものである。このエピソードを聞けば、誰もがわが耳を疑うだろう。麻薬と姦通とを禁じたプロダクション・コードは一九六六年に実質的な終りを迎えていたはずだからである。にもかかわらず、七六年のリーダーズ・ダイジェスト社の重役室にはそれが厳然と生き続けていたのだ。そして、いかなるプロフェッショナリズムも持ち合わせぬプロデューサーの無能ぶりによって、リチャード・フライシャーはアメリカに対して映画を擁護する闘いに敗北するほかはなかったのである。

ハリウッドの撮影所システムの末期にメジャー系で仕事をし、やがて独立するサム・スピーゲルについてアルドリッチが回想していることだが、彼は、いわゆるコントリビューティング・プロデューサーの一人だったという。監督とともにシナリオを書き直し、撮影にあたっての必要最小限な環境の維持を優先することで、その「貢献」が作品の出来栄えに否定しがたく反映するような製作者がコントリビューティング・プロデューサーだとするなら、そうした人材の喪失がハリウッドの崩壊を早めただろうことは想像にかたくない。監督になる人間などはどこにもころがっているが、アメリカと映画との間に通訳として位置しうるようなプロデューサーは、そう簡単に作れるわけではないからである。

たとえば、老舗のユナイテッド・アーティストがマイケル・チミノ監督の『天国の門』(80)の製作に関わることで消滅してしまった事件などが、そのことを雄弁に証明している。グリフィスとチャップリンとダグラス・フェアバンクスとメアリー・ピックフォードという神話的な名前と深くむすびついていた名門ユナイテッド・アーティスト社は、予算を大幅に超過したこの大作の処置をめぐって窮地に陥り、不動産業者のカーコリアンによって買収され、MGMの傘下に入ることになったからである。もっともそのときユナイトは、すでにサンフランシスコの保険会社の支配下にあり、ニューヨークの本社は、もはや撮影所を保護する機能など果たしえない状況にあったといえる。ユナイトの首脳部は、気に入った監督や製作者たちとともに、それなりに質の高さが保証された作品をプロデュースできればそれでよいと思っていただけなのである。そんなとき、数年がかりの超大作

『天国の門』

『天国の門』の評判が悪ければ、グリフィスの名前などいっさい記憶にない保険会社の幹部は、躊躇なく会社そのものを売却してしまうだろう。そして、事態はまさしくそのように進展し、ユナイトという会社はきれいさっぱり地上から消滅してしまったのだ。

はたして『天国の門』が「失敗作」であるか否かはひとまず問わずにおこう。だが、それがまさしくコントリビューティング・プロデューサーの不在を印象づける映画であることは間違いない。たしかに、ユナイト副社長のスティーヴン・バックは、この作品の長期の撮影にも積極的に関わりながら、保険会社の幹部に対してマイケル・チミノを擁護しさえしたきわめて良心的な製作者だったといえよう。ユナイトの社名変更を本気で検討し始めていた大株主の保険会社の意志を挫くことに成功したこの副社長は、合衆国に対して映画を擁護する闘いを演じているかにみえさえする。だが、コッポラの成功に影響され、映画作家の才能に賭けるという政策をとり入れていたユナイトが、コッポラほどの才能にも恵まれていたわけではないマイケル・チミノの暴走を抑えきれず、製作費の大幅な超過を防げなかったという意味では、ハリウッドがもはや自社の商品管理を行いえなくなっていたことを象徴する人物だったともいえるだろう。『天国の門』事件に露呈されているのは、まぎれもないプロデューサーの不在以外のなにものでもない。彼が書き残した『ファイナル・カット』という書物を読む限り、映画好きであることは疑いえない副社長のスティーヴン・バックは、皮肉なことに、『天国の門』という作品とユナイトという名前とを救おうとして、その両方を殺してしまったのだ。あとに残されたのは、MGM／UAというおよそ反映画的なロゴマークのみである。

Ⅲ　合衆国対パラマウント映画

映画は裁判で敗北し続ける

アメリカにさからって映画を擁護するのに理想的な環境としてのハリウッドという表現には、いささかも抽象的な比喩はこめられていない。また、ニューヨークの本社がハリウッドの撮影所を保護していたからといって、その保護が決まって資本主義的な利益の追求といったものだったわけでもない。ニューヨークの本社は、むしろ資本主義そのものから映画を守っていたのである。ハリウッド崩壊の歴史とは、文字通り映画が資本主義に敗北する歩みにほかならない。第二次世界大戦後の脱工業社会は、もはや産業としての映画も、商品としての映画をも絶対的には必要としていない。事実、映画産業に対する投資があまりに多くの危険をともなうものであることは、ヒット作を製作した会社があっさり倒産してゆく現状が如実に示しているだろう。いま、映画にかわって大衆文化を担っているのは、まぎれもなく音楽産業なのである。

にもかかわらず、映画とは無縁の企業のいくつかが映画の撮影所をいまだに買収したりしているのは、具体的な映画製作そのものの魅力に惹かれてではなく、映画という「イメージ」に何がしかの神話的な余剰価値がまとわりついているからである。おそらくそれは資本主義的な錯覚にすぎないのだろうが、七〇年代から八〇年代を通してわれわれが立ち会いえた映画の歴史は、その錯覚が晴れるまでの猶予の一時期をいかに生きるかという、およそ展望を欠いた試みであったように思う。だからといって、ことさら悲観的になることは、いたずらに楽観的であることと同様に、あまり意味のあることではあるまい。われわれが必要としているのは、いまなお続いているはずのアメリカと映画との闘いが、過去においてどのように具体的な展開を示していたのかをはっきりさせておくことである。

闘いはまず、裁判の形式に集約される。原告と被告との間に苛酷な法廷闘争が演じられ、最終的な判決によって勝者と敗者とが世間的に明らかになるという闘いにおいて、映画は、第二次大戦直後にアメリカに対して決定的な敗北を喫している。いわゆる「パラマウント訴訟」という名で記憶されている一九四八年の最高裁判所の決定である。映画の製作と興行とを同一の企業が一手に引受けることは資本主義的な犯罪であり、合衆国憲法の精神に反するものだとする判決は、すでに見た双頭組織としてのアメリカ映画産業の存立を根本から脅かすことになるのだが、その裁判の正式の名称が「合衆国対パラマウント映画株式会社」、すなわち、United States v. Paramount Pictures Inc. として記録されていることは何とも象徴的だろう。もちろん、この法廷闘争での敗者はたんにパラマウントにとどまらず、あらゆるメジャー系の会社がそれに従わざるをえなかったのだが、こうしたアメリカとハリウッドとの闘いは、六〇年代に入って、映画のテレビ放映網への売却手続きをめぐり、「合衆国対ローウズ」すなわち United States v. Loew's Inc. として再現され、ふたたびアメリカの勝利に終わっている。

合衆国政府なり州政府なりと映画産業との法廷闘争が行われた後に言い渡される最高裁判所の判決は、そのつど映画産業の構造そのものに深刻な変化をもたらすのだが、その変化は、ときとして映画のステイタスそのものにもかかわることがある。たとえば、アメリカ社会における映画の地位を法律的に決定したのは、一九一五年の「ミューチュアル・フィルム有限会社対オハイオ州産業委員会」、すなわち Mutual Film Corp. v. Industrial Commission of Ohio の係争による判決なのだが、それによると、映画とは「たんなるビジネス」にすぎず「報道や世論の表明」といった公的な役割をいささかも担うことのない「見世物」の一つだとはっきり規定されている。

そのように性格づけられた映画の社会的地位に従っていわゆる「ヘイズ・コード」、正式にはアメリカ映画製作配給者連盟による「倫理綱領」が、ハリウッド映画の題材や表現法を永年にわたって規制していたことは周知の事実である。多くの観客を惹きつける「見世物」として、それなりの社会的な責任を自覚すべきだとする自主検閲の制度が、接吻の視覚的形式化や愛の表現の象徴的な繊細化による高度の「セックス・コメディ」や、ギャング映画の暴力描写を暗い雰囲気で濾過した「フィルム・ノワール」のような独特のジャンルをハリウッドに形成していったことは、才能ある作家たちによるアメリカにさからった映画擁護の試みの一つではあったろう。撮影所には、「倫理綱領」を巧みにくぐり抜け、その禁止事項を口実として映画を活気づける才覚の持ち主が少なからず存在していたのだ。

もちろん、「ヘイズ・コード」による自主検閲に対して、「芸術としての表現の自由」という立場から反撃が試みられるのも、また裁判を通じてである。それは第二次世界大戦後に行われた訴訟だが、ここでいかにも象徴的なのは、「ショウ・ビジネス」の一つにすぎないはずの映画に「表現の自由」がそなわっているという訴訟が、ハリウッド映画ではなく一本のイタリア映画をめぐるものだったという点だろう。そこに集まった顔ぶれは申し分がない。ロベルト・ロッセリーニ、フェデリコ・フェリーニ、アンナ・マニャーニという戦後イタリア映画を代表する名前が一堂に会した中篇映画『奇蹟』(48)のニューヨーク公開に際して、在郷軍人会やカトリック系の組織による反対運動が盛りあがり、検閲の是非をめぐって民事の訴訟が争われたのである。二年に及ぶ法廷闘争の結果、一九五二年、マリアの処女懐胎の奇蹟を描いたロッセリーニの映画は検閲に価いしないという最高裁判所の判決を引き出すことに成功する。これが「ヘイズ・コード」の権威を揺るがせる合法的な闘いの最初の勝利だったわけで、その意味でロベルト・ロッセリーニはアメリカ映画史の結節点に無視しがたい足跡を残したことになるわけだ。ほぼ同じころ、オットー・プレミンジャーが、『月蒼くして』(53)で処女とセックスをめぐる会話を、『黄金の腕』(55)では麻薬患者の中毒ぶりをとりあげ、「ヘイズ・コード」の禁止事項にあからさまに抵触する題材を堂々と描いて見せたのもアメリカに対する闘いのひとつだといえようが、こうした作品は、「ヘイズ・コード」事務局の許可を必要としない配給網で封切られ、興行的な成功をおさめる。

「ヘイズ・コード」は生きている

ところで、「『奇蹟』訴訟」をめぐる最高裁判所の判決は、アメリカにさからって映画を擁護しようとするハリウッドにとって、いかなる役割を演じたことになるのか。その判断はいささか微妙な問題をはらんでいる。いわゆる「ヘイズ・コード」は一九六六年に廃止され、その結果として、アメリカ映画がそれまで自主的におのれに禁じていた暴力と、性と、裸体と、麻薬と、背徳と、犯罪とを念入りに描く権利を獲得することになるのだが、すでにみたように、双頭の鷲を思わせる二重の組織の均衡ある調和によってかろうじて「夢の工場」たりえたハリウッドは、そのときすでに凋落の道を滑り落ち始めていたのである。そこに、アメリカ映画史独特の矛盾が露呈されることになる。というのも、ハリウッドの黄金時代はあくまでも「ヘイズ・コード」との共存によって特徴づけられ、ことによると「ヘイズ・コード」そのものが、ハリウッドをアメリカから保護する機能を演じていたのかもしれないという視点が、充分に成立ちうるからである。

このことはのちに検討してみるにしても、『信じがたいサラ』の監督に対するリーダーズ・ダイジェスト社の重役たちの姿勢が、もはや存在しないはずの「ヘイズ・コード」の精神そのものを体現していたように、最高裁判所の判決とは異質の非合法的ではあるが無視しがたい勢力が、「たんなるビジネス」にすぎない映画という「見世物」の出すぎた振舞いを規制し続けていたという現実は、マーチン・スコセッシの年来の企画が実現されたその瞬間に起こった「敬虔」なキリスト教団体による『最後の誘惑』(88) 上映反対運動の高まりによって明らかだろう。スコセッシが『ミーン・ストリート』(73) のようなマイナーな作品を撮っている限りはその存在そのものを無視していればよかったアメリカも、ことキリストとなると黙ってはいなかったのである。もちろんわれわれは、「芸術としての表現の自由」という視点から、スコセッシに遥かな連帯を表明しようというのではない。ただ、この映画の撮影のために、必ずしも得意とはいえない題材『ハスラー2』(86) の演出を引きうけたり、テレビにまで手を染めたり、出資者がアメリカに見当らず、不充分なヨーロッパ資本で撮影開始に踏み切らざるをえないという噂を耳にしたり、世界第一級のキャメラマンが、もし自分が指名されたら無報酬でもよいからロケ地の北アフリカにとんで行きたいと口走ったとか、その種の話を数年来聞かされていた者としては、アメリカに対して映画を擁護する試みはいまなお続いており、「ヘイズ・コード」の精神の継承者が合衆国に間違いなく存在している事実を、改めて認識せざるをえないのだ。

六〇年代の初めにニコラス・レイが『キング・オブ・キングス』(61)の撮影にかかるとき、製作者のサミュエル・ブロンストンはローマの法王庁を訪れ、シナリオを示したうえで綿密な討議を重ね、法王の支持をとりつけている。ここでも、あらかじめ商品管理をおこたりなく行っているプロデューサーは、同時に映画の保護者としても振舞っているのだが、マーチン・スコセッシが『最後の誘惑』の撮影にかかったとき、そのスタッフに、こうした予備的な処置をとる人物がいた気配はない。つまり、キリストを題材とする映画の撮影に関するノウ・ハウが、このときすでにアメリカ映画からは消滅してしまっていたのだ。映画が素裸でアメリカと向かいあわねばならない状況とは、そうしたことをいう。あるいは、ハリウッドが変質し、「『奇蹟』訴訟」から三十五年もたとうとしているのに、アメリカ合衆国の方はいまだ構造的な変化を蒙ってはいないという事実を、スコセッシはあまりに軽視しすぎていたのかもしれない。『最後の誘惑』が興行的に失敗したのは当然だが、その結果として、スコセッシが『恐怖の岬』(62)のリメイクとして『ケープ・フィアー』(91)まで撮らねばならないのだから、アメリカに対する映画の闘いは、ますます不利な状況に追い込まれているといわねばなるまい。

おそらく、ジョージ・ルーカスとスティーヴン・スピルバーグの成功は、彼らの作品が、あたかも「ヘイズ・コード」がいまだに存在しているかのごとき前提にたって企画されている点に由来するものだろう。だが、性もなく、暴力もなく、犯罪もなく、非行もないという彼らの世界を、「幼児性」という語彙で批判するのは正しくあるまい。すでにルーカスについてみたように、彼らは観客の感性と妥協しながら、当り触りのない題材を選択しているわけではなく、現在のプロデューサーたちが思いつかなかったり、とうてい企画にのぼりそうもない題材を周到に選択している。その題材がかつての「ヘイズ・コード」に抵触しないというところに、むしろ彼らの才能を認めるべきなのである。これは素人にはとうてい不可能な芸当だというべきだろう。

もちろん、ルーカスの製作者としての手腕や、スピルバーグの演出者としての資質をどう評価するかは別の問題だ。ただ、決して悪い出来ではないが同時代的な映画と最もよく調和し、雰囲気も悪くないだけに「ニューシネマ」的な罠にすんでのところで陥ちそうになった『続・激突! カージャック』(73) を撮った経験のあるスピルバーグが、「ヘイズ・コード」の消滅をあたかも映画の可能性であるかのように錯覚し、たかだか風俗的な存在にすぎないアンチヒーローの無意識なヒロイズムの謳歌に終始した「ニューシネマ」的な世界から遠ざかったことは決定的に正しいし、それが彼なりのアメリカに対する映画の擁護につながる姿勢だという点だけは見落さずにおきたい。

Ⅳ　物語からイメージの優位へ

シナリオと編集

では、「ヘイズ・コード」にははたして映画の保護機能がそなわっていたのだろうか。その問題を考えるにあたって、「プロダクション・コード」の実質的な廃止により、永年にわたってタブー視されていた題材を描く権利を獲得したとき、まず、映画が何を失ったかを検討しておく必要があろう。

アメリカ映画が失ったもの、それは説話論的な経済性に尽きている。古典的なハリウッド映画は、視覚的な効果を犠牲にしてまで物語の簡潔さの追求をあらゆる映画作家に要求したのであり、その要請にふさわしく、撮影所のあらゆる部門が有効に機能していたのである。サイレントからトーキーへの移行期に成立した物語優位の原則は、「ヘイズ・コード」によって助長され、三〇年代のアメリカ映画の黄金時代を支えたものである。その意味で、トーキー以降のハリウッド映画とは本質的にシナリオの映画であり、編集の映画でもあったわけで、そうした機構と本能的に調和しえた監督だけが、偉大なアメリカ作家たりえたのだといってよい。物語にとって有効ではない視覚的細部を冷酷に切り捨てるプロとして存在していた編集者は会社の意向にどこまでも忠実であり、ドン・シーゲルのような有能な編集者がいれば、たとえ監督が編集室に足を踏み入れる権利を奪われても、映画は間違いなく成立したのである。

「ヘイズ・コード」の消滅は、アメリカ映画からこうした物語の優位を奪い、見せることの至上権争いへと人を駆りたてる。女性の肉体を素肌のままスクリーンに露呈させることも、暴力的な殺人を流れる血とともにスローモーションで示すことも可能となった以上、語ることより見せることが商売となる時代が到来したからである。「ヘイズ・コード」の支配下にあっては、夫婦でさえダブルベッドに寝られなかったというのに、『ボブとキャロルとテッドとアリス』(69)のポール・マザースキーが一度に四人もの男女を、しかも裸でベッドに横たえさせてみたことが象徴的であるように、ショットは語るためではなく、見せるものに変容するしかなかったのだ。

ここで奇妙な転倒が起る。システムとしてのハリウッドの崩壊は、「ヘイズ・コード」の消滅によって加速され、初めて映画を「たんなるビジネス」にすぎない「見世物」にしてしまったのである。説話論的な要素にすぎなかったショットはいたるところでスペクタクル化し、物語の構造の簡潔さに代って視覚的効果のための装飾的側面が強調され、シナリオと編集の優位をいたるところでくつがえしてゆく。いわゆる「アメリカン・ニューシネマ」がその登録商標のごとくに濫用したスローモーションとズームとによって、「B級」

的な発想の小品までが、無意味に上映時間を引き伸ばしてゆく。ラオール・ウォルシュならワン・ショットで片づけた活劇における犯罪者の最後を、『俺たちに明日はない』(67)のアーサー・ペンは何十秒もかけて撮ったのだし、ヒッチコックならたった一つの切り返しショットできわだたせただろうサスペンスを、『キャリー』(76)のブライアン・デ・パルマが何十秒にも引きのばしたことが、その変化を雄弁に証拠だてていよう。その結果として、アメリカ映画は二つのジャンルを失う。サスペンス映画と西部劇である。

七〇年代のアメリカ映画が、SFXと特殊メーキャップの濫用によって、サスペンス映画をホラー映画へと変質させたことは誰もが知っている。たとえば日本では四十六年遅れで初公開されたジャック・ターナーの『キャット・ピープル』(42)とポール・シュレイダーによるそのリメイクとを比較してみれば、その変化はただちに納得されよう。その点をめぐってはすでに多くの指摘もあるが、オリジナルでは暗示的なショットの効果的な連鎖によって雰囲気として語られていた変身過程が、シュレイダー版では見えるものとして示され、視線いがいの諸々の感性を刺激する前者の修辞学は、後者では、もっぱら瞳ばかりに働きかけるイメージに置き代えられている。露呈された性器そのものをスクリーンに映し出す権利を獲得した映画は、それと同じ水準で、狼へと変身する少年の顔のクローズアップや、からだから切り離される悪魔憑きの少女の首や、孵化する地球外生物の幼虫や、斧で割られる若い娘の頭蓋骨を特殊効果で視覚化する権利を獲得したのだが、それと交換に、肝腎なものを絶対に見せないことで成立するサスペンスという形式を放棄してしまったのである。もはや扉の蔭の秘密や影なき恐怖は語られえず、ドアーは見世物的にたたき割られ、怪物が視界の前面をわがもの顔に跳梁するのみだ。

こうした状況の変化を堕落とみるか発展とみるかの判断は、いったんおくとする。少なくとも、それが新たな観客を映画に導いたという点では、それなりの意義があったことを認めざるをえまい。だが、いまはさしあたり、語るものから見られるものへという推移が、フィルム的言説として明らかに異質なものをかたちづくっており、そこに一つの映画史的な非連続性を認識することが重要なのだ。すでに見たように、いわゆるハリウッドの撮影所システムは五〇年代に崩れ始め、六〇年代の終わりに完全に崩壊するのだが、そのとき、ハリウッドとは異なるたんなるアメリカ映画が、ときならぬ視覚性の優位とともに形成される。撮影所システムが有効に機能していた時期のハリウッド映画と、七〇年代以降のアメリカ映画とは、構造的にもイデオロギー的にもまったく種類を異にする商品なのだ。まず、このことを認識しなければならない。だが、それに劣らず重要なのは、この非連続性がアメリカ映画から西部劇を完全に追放し、サスペンスがホラーという後継者をかろうじて持ちえたような意味で、その系譜をたどることさえできなくなってしまったという点である。

死のスペクタクル化

一般に、人は、サム・ペキンパーの『ワイルドバンチ』(69)や『砂漠の流れ者』(『ケーブル・ホーグのバラード』)(70)にいたる一時期に、失われた西部への挽歌が奏でられたのだと思いこんでいる。だが、ここで見落しえないことは、西部劇が題材として不可能になったのではなく、活劇にふさわしい物語の形式そのものが、暴力描写を禁じていた「ヘイズ・コード」の消滅以後、銃撃戦の視覚的スペクタクル化によって死滅したという事実だろう。被弾した瞬間に噴出する血液も、もんどりうって倒れる馬も、落馬するカウボーイも、逃げまどう群衆も、すべてスローモーションによって「華麗」に引き伸ばされ、それにふさわしいものが構図＝逆構図による切り返しショットであったはずの対決までが、緩慢な宇宙遊泳に似た「見世物」と化してしまったとき、もはや誰も西部劇は撮れなくなってしまったのだ。『ワイルドバンチ』が感動的なのは、もはや誰にも西部劇は撮らせまいとするペキンパーの狂暴な意志が、「死」そのものをスペクタクル化した最後の銃撃戦を「華麗」さ以上の不吉なまがまがしさで彩ってみせたことにある。西部劇は曖昧に消滅したのではなく、あくまでも意志的な自死を体験した高貴なジャンルというべきだろう。ハワード・ホークスの最後の西部劇『リオ・ロボ』(70)が撮られて以来、評価さるべきロバート・ベントンの『夕陽の群盗』(72)やフィリップ・カウフマンの『ミネソタ大強盗団』(72)を初めとして、リチャード・C・サラフィアンが、シドニー・ポラックが、アラン・J・パクラが、ローレンス・カスダンがそれぞれ新たな世代にふさわしい西部劇を試みてはいるが、ペキンパーの意志に抗いえず、『天国の門』のマイケル・チミノさえが、共感すべき試みだとはいえ壮大な失敗を経験している。六〇年代の中期にジャック・ニコルソンと組んで、『銃撃』(65)と『旋風の中に馬を進めろ』(66)の二本の西部劇を撮ったモンテ・ヘルマンも、ロジャー・コーマン門下としては最も才能豊かな作家でありながら、七〇年代以後このジャンルに接近する機会を奪われている。この領域で一貫して仕事を続けているのはクリント・イーストウッドだけだが、彼の演出が、セルジオ・レオーネの演出を特徴づけていた過剰な視覚性をできるかぎり禁欲している事実に、ひとはいま少し敏感でなければなるまい。

では、アメリカ映画は、ハリウッドの崩壊とともに、西部劇を永遠に失ってしまったのか。インディアンを悪役として描けないことが決定的だったのか。コッポラとルーカスとスピルバーグがこの不吉なジャンルを聡明に回避し続けていることが何やら象徴的に思われもする。「あまりに静かすぎる」と低くつぶやきながら見えない敵に対して本能的に身がまえるガンマンの反応を、有効なショットの連鎖で物語ってみせるフィルム的言説を担いうるのは、やはりクリント・イーストウッドしかいない。

われわれは、ヒッチコック流のサスペンス映画が二度と蘇ることがないように、フォード流の西部劇が再び復活しえないことを知っており、そのことをとりたてて悲しく思う気

『ワイルドバンチ』

持はない。だが、『ダウン・バイ・ロー』(86)のジャームッシュや『エル・スール』(83)のビクトル・エリセに西部劇の呼吸といったものをまぎれもなく感じとって奇妙な戦慄を覚えなかった人がいるだろうか。意識的であると否とにかかわらず、西部劇の神話は最良の作家たちのフィルムに脈搏っている。最良の作家とは、瞳だけに働きかけるイメージのスペクタクル化の全盛期に、その風潮になじめず、物語の簡潔さに貢献するショットの可能性を確信しつつ、たんなるハリウッド映画のパロディとは異なる語り方を発見した人たちのことにほかならぬ。事実、アレックス・コックスの『ウォーカー』(87)にはそんな気配が感じとれるし、二十世紀フォックスのザナック傘下で撮られたならより簡潔なものとして仕上ったろうにと惜しまれるジョン・セイルズの『メイトワン1920』(87)にもそうした雰囲気がわずかながら漂っているような気がする。だが、そこになにがしかの新しさが認められるかといえば、否定的な言葉を口にせざるをえない。

視覚的効果のためのイメージの装飾性の優位は、思いもかけぬ闖入者たちによってゆるやかに崩れつつあるのかもしれない。たとえば、ロバート・マンデルの『F/X引き裂かれたトリック』(86)は、特殊撮影によるイメージのスペクタクル化にさからい、「B級」的な活劇性の復権に活路を見出そうとしている。このことは、だが、ペキンパーの脚本家として出発したウォルター・ヒルがなお捕われている視覚性の優位に、何がしかの刺激たりうるものだろうか。ハリウッドにおける活劇は、いまなお仮死状態から抜け出してはいない。

Ⅴ　反時代的な作家の系譜

バズビー・バークレーとオーソン・ウェルズ

ロンドン近郊で『フルメタル・ジャケット』(87)を仕上げたばかりのスタンリー・キューブリックは、映画の撮影に理想的な土地はまぎれもなく合衆国の西海岸にほかならず、イギリスの撮影所の施設はそれにつぐ好ましい水準を維持していると述べている。過去二十年ほどの彼の映画の最良の部分が、あえてハリウッドを避け、二番目に理想的な土地イギリスで撮られねばならなかった理由は語られていないのだが、およそアメリカ映画らしからぬ低予算と劣悪な製作条件のもとであえて『非情の罠』(55)や『現金《げんなま》に体を張れ』(56)を撮ってデビューしたキューブリックが、年来の企画『ナポレオン』を資金難のワーナーにあっさり潰された過去を持ちながら、なお、ハリウッド的な映画作りへの執着を捨て切れずにいることに、人はいささか驚かされもする。

もちろん、ここでキューブリックがいう理想的な環境としての合衆国西海岸とは、その全盛期に円滑に機能した撮影所システムのことではなく、作家の映画的創造力を物質的に視覚化する技術的実践の高度な水準の維持を可能にする場としてのハリウッドを問題にしているわけである。だが、だとするなら、ここで奇妙な矛盾に逢着せざるをえない。というのも、キューブリックにとってのヴィジュアルな効果とは、『シャイニング』(80)の室内での複雑な移動撮影や『フルメタル・ジャケット』の戦闘場面が端的に示しているように、むしろハリウッド以後のアメリカ映画にふさわしいものだからである。

われわれはなにも、敵弾で射抜かれた米軍の兵士たちが血潮を吹きあげながら倒れるシーンのスローモーション撮影を、サム・ペキンパーの『ワイルドバンチ』そっくりの六〇年代的な美学だといって非難しようとしているのではない。ここでいくぶんか納得しがたい思いに捉われるのは、キューブリック自身がその『現金に体を張れ』の最後の銃撃戦で、誰が、いつ、どの弾丸に当って倒れたのか見定める余裕もないほどの呆気なさで描いて見せた人間たちの死を、その三十年後に、ひたすら時間を引き伸ばしつつスペクタクル化してみせていることなのだ。そして、彼にとっての映画の視覚的な効果が、前者の目にもとまらぬ迅速さではなく、後者の念入りで審美主義的な「見世物化」にあるらしいと思い当るときに、合衆国の西海岸に対する執着にもかかわらず、キューブリックが典型的なハリウッド以後の作家であり、『非情の罠』や『現金に体を張れ』は、真の意味でのキューブリック的な作品ではなかったのだと断言すべきときにきているように思う。

薄々気づいてはいたのだが、初期のキューブリックへの偏愛ゆえに口にしえなかったその事実は、次のようなハリウッド映画の定義へとわれわれを導く。それは、あたかも映画が視覚的なメディアであることを否定するかのように、イメージの独走をおのれに禁じ、もっぱら説話論的な構造の簡潔さと、そのリズムの経済的な統御に専念するものがハリウッド映画だという定義にほかならない。事実、とりわけトーキー以後のアメリカ映画は、物語に従属することのない過剰な視覚的効果を抑圧しながら、見るという瞳の機能を必要最小限にとどめておくことで成立した、ほとんど不条理と呼ぶほかはない反視覚的な記号だったのである。

実際、シュトロハイム以降の古典主義的なアメリカ映画の歴史には、物語とは無縁の純粋にヴィジュアルな効果を導入した作家は、正確に二人しかいない。バズビー・バークレーとオーソン・ウェルズがそれである。それにフランシス・フォード・コッポラを加えて三人いるという視点も成立しうるが、これはハリウッド崩壊以後の作者として、のちに触れることにしたい。少なくとも一九三〇年代から四〇年代に限るなら、肉体の無機質化を徹底させながらの無償の審美主義は、バズビー・バークレーをどこかでドイツ時代のラング的な機能主義へと近づけるのだが、とりわけ三〇年代前半のサミュエル・ゴールドウィン時代の彼の振付けは、キャメラのグレッグ・トーランドとの協力によって、アメリカ映画にあっては稀な前衛的ともいえる視覚的な効果をスクリーンに展開させている。しかし、ワーナー・ブラザーズに移って以後の彼は、細部に驚くべき着想を視覚化してみせながらも、それが過度のスペクタクル性を身にまとって視覚の優位を誇示する直前に、物語の優位を確認する姿勢にまで後退しているといえるだろう。その傾向は、バズビー・バークレーがもっとも野心的だった三〇年代前半のミュージカルと、パンドロ・S・バーマン製作のRKOミュージカルにおけるアステア＝ロジャースにおけるダンス・ナンバーと物語とのほどよい調和を思いおこせば明らかだろう。

オーソン・ウェルズの場合、『市民ケーン』（41）のスキャンダルとは、ハリウッドがおのれに禁じていたはずの過度の視覚性をついに物語に帰属せしめることなく、純粋に見る機能を瞳に回復してしまったことを意味している。その際、バズビー・バークレーの初期の仲間だったグレッグ・トーランドにキャメラを任せていることを見逃さずにおきたい。純粋に視覚的なメディアであるはずの映画をあたかも視線の対象であってはならないというかのごとくに瞳を抑圧するハリウッド映画とは、何よりもまず、見ることが終わった瞬間に、それについて語り、それをめぐって想像をはたらかせることで神話化される倒錯的な記号だったのである。

倒錯的なというのは、見られるものであるはずの映画が、むしろ視覚を無視して想像される対象であるかのように商品化されてゆくからである。事実、それなくしては、メディアとしての映画は成立しえないだろう。純粋な視覚的な体験などいつでも括弧に括りうるという前提を暗黙の了解として誰もが映画を撮り、誰もが映画館に駆けつけていたときに、いきなり『市民ケーン』という視覚的な記号が登場したのだから、アメリカがこれを許さなかったのも当然だというべきだろう。多くのひとにとって、オーソン・ウェルズは、メディアとしての映画の枠組みを崩壊させかねぬ存在と映ったのである。そして、その反応はその時代において充分に理解可能なものだったといえよう。あらゆるものが、メディアとしての映画を支える倒錯性を容認していた時期のはなしだからである。

とはいえ、だからといってハリウッドのキャメラマンや美術監督たちが才能を欠いていたわけではない。むしろ彼らの才能は、投影されるイメージが決してスクリーンの枠を揺るがせたり、それを超えて拡がり出すことのないように細心の努力を払うことで達成される名人芸だったのであり、オーソン・ウェルズがグレッグ・トーランドとともに実現してみせたような不安定なゆがみや視覚的な不均衡によって、ショットそのものが瞳に働きかけるような瞬間をあえて回避することが暗黙の了解だったのである。

ジョン・フォードが『駅馬車』(39)で獲得しえた大衆性とは、ともすれば物語に対する視覚の優位に惹かれがちだった彼の無意識の前衛的な資質が、ここで決定的に編集による説話論的な構造の簡潔な運動感へと変質をとげたからにほかならない。もちろん、才能ある監督たちは、それぞれに個性的な構図によっておのれの映画的想像力を物質化する術を心得てはいたのだが、とりわけ個性的な作家たち、たとえばハワード・ホークスにしてもラオール・ウォルシュにしても、彼らの才能は、むしろキャメラの存在を意識させないまでにショットの独走を禁じることに発揮されていたのだといってよい。だから、多くの人が口にするハリウッドの「絢爛豪華」さとは、個々の作品を見終わったあとで誰もが想像する「夢の工場」でのスターたちの生活の質にかかわるものであり、それはいつでもスクリーンとは無縁の世界に拡がり出す見えてはいない世界の形容にほかならなかったわけだ。華麗な衣裳も壮大な装置もことさら視覚的に誇張されることなく、呆気ないほどの慎ましさで物語に奉仕するというのがハリウッドのイデオロギーにほかならず、ヨーロッパ系のアルフレッド・ヒッチコックやフリッツ・ラングさえもが理解したその倒錯性に同調しえず、ショットそのものに「絢爛豪華」な輝きをこめてしまったが故に、オーソン・ウェルズはアメリカから受け入れられなかったのである。

キューブリックvsイーストウッド

たえずキャメラの存在を意識させずにはおかないウェルズ的な効果が、照明やアングルやレンズの焦点深度によって映画を視線の対象に仕立てあげたのだとすると、ハワード・ホークス的なショットの自然さは、それもまた高度な撮影技術によって可能なものとなった不自然きわまりない自然さにほかならない。では、瞳にそなわっているはずの見る機能を最小限におしとどめようとするハリウッド的な美学に対して、スタンリー・キューブリックはオーソン・ウェルズの系列に属するヴィジュアルな作家だといえるだろうか。なるほど彼の映画は、瞳の抑圧にさからう視覚的な効果を多用することで、たとえば『博士の異常な愛情』(64)といった作品をウェルズ的な系譜にそって撮ってはいるのだが、『2001年宇宙の旅』(68)にその典型が見られるかという問題は、いささか微妙だといわねばなるまい。というのも、すでに見たことだが、このときハリウッド的なイデオロギーはすでに崩壊しており、多くの作家が物語の優位にさからって視覚的な効果による映画の「見世物」化に専念していた時期であり、『俺たちに明日はない』(67)のアーサー・ペンがスローモーション撮影によって試みたことを、キューブリックは、より完璧な技術によって全篇にまで押しひろげてみせたことはたしかである。だが、支配的なイデオロギーに対するウェルズの反時代的な試みは、そこには認められない。ハリウッドが「ヘイズ・コード」の廃止によって蒙った説話論的な優位から過剰な視覚的装飾性へという歴史的な転換に過不足なく調和しているという意味でなら、彼は、むしろオーソン・ウェルズとは異質のキャリアの持主だとさえいうべきだろう。『市民ケーン』から十年もしないうちに『上海から来た女』(47)で「フィルム・ノワール」を撮り、その後もいわゆるメジャーな大作を作る機会に恵まれなかったウェルズのフィルモグラフィーと、『非情の罠』の十数年後に大作『2001年宇宙の旅』の作者となり、やがて内容としては「B級映画」めいた『フルメタル・ジャケット』を撮ることになるキューブリックのフィルモグラフィーを比べてみれば、そのことは明らかだろう。

ハリウッド映画は、五〇年代から徐々に変質しつづけながら、最後の超大作『クレオパトラ』(63)によって象徴的に終焉し、六六年から七〇年にかけて、政治的かつ経済的な要因によって実質的に変質したといってよい。瞳によって見られてはならないという倒錯的な記号によって維持されていたその「神話性」の崩壊によって、アメリカ映画は、語り、想像する対象であることをやめ、見ればそれですむというごく当たり前な記号となってしまっている。スタンリー・キューブリックの歩みは、そうした推移にある程度まで同調しており、一貫してロンドンで撮影していながら、必ずしもアメリカに対して映画を擁護しているとはいいにくいのである。

そうしたハリウッド神話の消滅は、アメリカ映画に、ほぼ三つの変化を導入したということができる。まず、七〇年代以後のアメリカ映画は、瞳を抑圧していた修辞学的イデオロギーから解放され、「見世物」にふさわしくイメージをスペクタクル化することで、物語の簡潔さを抹殺することになる。この傾向は、ロナルド・ニームの『ポセイドン・アドベンチャー』(72)などのパニックものや、ウイリアム・フリードキンの『エクソシスト』(73)などのホラー映画を生みだし、ほぼ十年にわたって流行するだろう。それと同時に、二番目の変化として、見ることで納得する観客と、見たものについて語り、かつそれをめぐって想像をめぐらせねば気のすまない「シネフィル」という、記号の享受層の二分化が否定しがたく進行してゆくことになる。ここで指摘さるべき新しい事態は、撮影所で映画を撮りながら行われていた教育にかわって、大学の映画学科や名画座、あるいはシネマテークなどでの教育がアメリカでも現実のものとなり、マーチン・スコセッシやピーター・ボグダノヴィッチやフィリップ・カウフマンといった第一世代から、ジム・ジャームッシュやスパイク・リーやコーエン兄弟などの第三世代にいたる「作家」が出現したという事実だろう。七〇年以後に顕著となったアメリカにおける批評と映画研究のそれなりに充実した動きも、この享受層の二分化と深く関わっているそれと無関係ではないだろう。

だがそれにもまして重要なのは、オーソン・ウェルズ的な反時代性の系譜を体現するものが、いまやスタンリー・キューブリックではなく、視覚的な効果よりもいまだに物語の優位を確信しているかにみえるクリント・イーストウッドのような、むしろ反動的ともいえる作家の側に移ったという点である。これが、第三番目の変化である。『ハートブレイク・リッジ／勝利の戦場』(86)と『フルメタル・ジャケット』とを見くらべてみれば、そのことは誰の目にも明らかだろう。キューブリックのいくぶんか軽薄ともよべそうな時代との同調ぶりのかたわらに置いてみると、イーストウッドの倒錯的なまでの時代との行き違いがきわだち、むしろ貴重な試みのように映ってさえしまうのだ。実際、七〇年代以後、『許されざる者』(92)の監督ほど、画面の視覚的な効果を禁欲し続けた作家も稀なのである。その意味で、彼はアメリカに対して映画を擁護しているといえるのだが、もっぱらイギリスで撮り続けるキューブリックは、むしろアメリカとの同調を模索しようとしているかにみえてしまう。おそらく、このことは、セルジオ・レオーネとドン・シーゲルの役者として、映画を撮影所で学びながら、同時にシネフィルでもあったイーストウッド独特の強みであるかもしれない。

ところで、イーストウッドの誇らしげな反時代性は、彼の弟子ともいうべきマイケル・チミノや、破門されはしたもののなお彼を敬愛してやまないフィリップ・カウフマンの作品にまで、色濃く影を落としているといいきれるだろうか。

Ⅵ ユニヴァーサルをめぐる決裂

闘いは続いている

すでにその最盛期は過ぎていたとはいえ、ともかくも撮影所システムが機能していた時代に助監督として映画との関わりを持つことになったロバート・アルドリッチは、いかなる意味でも「シネフィル」とは呼びかねる作家であり、その多くが大学出身のインテリであった「五〇年代作家」たちの多くも、ほぼ同様だといえる。彼らが「シネフィル」ではないということの意味は、スコセッシ以降の新しいアメリカの作家たちにとっての映画の歴史が、ともすれば古典的なハリウッド映画であったのとは異なり、アルドリッチとその同世代の作家たちは、そうした確かな参照体系から出発することなしに、いわば自分自身を育てたものの廃墟の上に作品を築かねばならなかったことを意味する。それが「五〇年代作家」の強さであり、また弱さでもあることはいうまでもない。これまでアルドリッチの強靭さと呼んで来たものは、彼に恵まれていたある種の商品管理の能力によって、世代的な弱さを補っていたからにほかならない。彼が、リチャード・フライシャーやドン・シーゲルらとともに、ハリウッド崩壊後の七〇年代をかろうじて生き延びえたのは、そのためである。

おそらく、アルドリッチが合衆国で直面しなければならなかった困難は、ヨーロッパ的な「作家」神話に自分をなぞらえることに成功した亡命者ジョゼフ・ロージーのそれよりも、はるかに厄介なものであったはずである。『北京の55日』(63)であまりに早すぎる遺作を撮りあげ、七〇年代には一本の商業映画も撮れなかったニコラス・レイが享受しえた名声さえ、彼には無縁のものだったからである。事実、遺作のつもりで撮ったわけではなかろう『カリフォルニア・ドールズ』(81)に先立つ数年間、それまではほぼ一年に一本のペースで仕事をしていたアルドリッチのペースがいささか緩み、二年に一本しか撮れない時期が続く。前作の『フリスコ・キッド』(79)も、彼自身の企画ではなく、自分より遥かに若いディック・リチャーズの代わりをつとめたものにすぎない。映画を撮るという職業意識のみがあの巨体を支えていたようにみえるアルドリッチは、六十歳を過ぎて初めて迎えることになったこの失業時代を、どんなふうに送っていたのだろうか。

すでに触れたように、誰もが短命であった五〇年代作家の中で、クリント・イーストウッドという願ってもない後継者を得たドン・シーゲルを除けば、アルドリッチはリチャード・フライシャーとともに、ハリウッド崩壊以後の七〇年代アメリカ映画を孤独に乗り切った数少ないヴェテランである。二十世紀フォックス社の崩壊期に帝王ザナックの恋人ジュリエット・グレコを託されてオーソン・ウェルズ映画を撮っていらい、ハリウッドにすっかりいやけがさして、一家でヨーロッパに移動し、「ランナウェイ」プロダクション的な伝統をいまなお守り続けているかに見えるフライシャーとは対蹠的に、『何がジェーンに起ったか?』(62)の思いがけぬ成功によって失意のヨーロッパ亡命を切りあげて以後、『合衆国最後の日』(77)の撮影許可がおりずに西ドイツへのロケを余儀なくされたほかは、ほぼアメリカを活躍の舞台としていたアルドリッチが、当のハリウッドで半失業状態に陥ったとしたらどういうことになるだろう。黒澤明の半失業状態には敏感だったコッポラやルーカスやスピルバーグも、自国の最大の現役作家の窮状には、ほとんど心を動かされはしなかったのである。

ところで、その失意の休業中にアルドリッチが何をしていたかを、われわれは残されたジョゼフ・ロージーの証言によってかろうじて想像することができるのだが、ロージーの伝える挿話はいささか暗澹たる思いにわれわれを導く。「たがいの作品を高く評価しあっ

『何がジェーンに起ったか？』

ていたわけではない」が、デビュー以来の同志であり数少ない親友であり続けた二人が、生涯の最後で激しい罵り合いを演じ、ついに和解の機会もないままにともに死んでしまったからである。言い争いになったきっかけは、アルドリッチがヨーロッパに住むロージーに書き送った一通の私信だという。ユニヴァーサルの資金援助を受けてハリウッド全盛期の資料を整理してアーカイヴを設立しようと腐心していたアルドリッチが、ロージーにその作品の脚本や演出ノートなどを寄贈してくれないかと申し出たのである。

アルドリッチにしてみれば、四十年来の友情を信じての依頼だったのだろう。だが、赤狩りで合衆国を追われた亡命者ロージーにしてみれば、「ユニヴァーサル」という社名そのものを耳にするのが我慢ならない。それにあの会社は、『夕なぎ』(68)と『秘密の儀式』(68)の二本に勝手に手を加えた恥ずべきヴァージョンを、自分にはなんの相談もなくアメリカで公開した犯罪者ではないか。ロージーは旧友の申し出を断乎拒否する。アルドリッチからの返事も激烈な調子のものだ。君のことは生涯許さないつもりだ。『ヴォーグ』などというモード雑誌に妙な衣裳を着てモデルを演じている君の姿は、映画監督の滑稽きわまるカリカチュアではないか。金がなくなってそんな冗談をやっているのだとしても、ぼくは許す訳にはいかない。

アルドリッチとロージーとをともに愛する者にとって、六十歳を過ぎた二人の間で演じられたこの不幸な行き違いを目の当たりにすると、深く悲しまずにはいられない。非米活動委員会のブラック・リストが公表される直前、アルドリッチとロージーとがプロダクションを設立し、たがいの作品をプロデュースしながらアメリカ映画の刷新を夢みたほどの仲であること、ロージーの逃亡資金を提供したのがアルドリッチその人であったこと、政治的には合衆国にとどまりえたにもかかわらず、経済的にはハリウッドにとどまりえないと判断してヨーロッパに渡ったアルドリッチが、亡命者としてのロージーから慰められ励まされもしたこと、などを知らぬわけではないわれわれは、生涯の終わり近くに起こった二人の喧嘩別れのうちに、映画史的な残酷さを読みとり、悲痛な思いに沈みこんでしまう。というのも、彼らの仲たがいの背後にひそんでいるのが、すでに崩壊しているハリウッドそのものだからである。

亡命者ジョゼフ・ロージーは、生涯ハリウッドを許さなかった。この一徹なまでの頑固さにわれわれは打たれる。議会の圧力といささか狂気じみた世論の高まりを前に、才能ある同志を一人として救えなかった過去を持つハリウッドをごく曖昧に許し、そんな錯誤の歴史などなかったかのように全盛期のハリウッド映画への郷愁をいだき始めてさえいるのかもしれないわれわれにとって、この頑固一徹さのなかに、アメリカに対する映画の闘いがいまなお持続しているさまを認めるからである。だがそれと同時に、不動産業者の手に移ったMGMの資金さえ利用しながら勝手気ままに振舞い続けたアルドリッチの強靭さにも、共感以上の気持ちをいだかずにはおれない。その彼が、撮影の機会にも恵まれない余暇を、かつての親しい同志たちの資料を蒐集しながら、合衆国全土の図書館へと散佚することのないよう、映画アーカイヴをハリウッドの地に確保しようと必死になっていたのだ。

もちろんわれわれも、「ユニヴァーサル」の名に不吉な何かを嗅ぎとらぬわけではない。この会社の映画が封切られるごとに観光客の立ち寄りを誘う広告に苛だたせられるあの「ユニヴァーサル・シティ」にアルドリッチの資料館が吸収されるはずだと予想せずにはいられないからである。だが、もし本当にそこでアルドリッチの資料ライブラリーと出会えるなら、無理してでも足を伸ばしてみようとは思わぬだろうか。

ハリウッドを遠く離れて

この企画がその後どのように進展したかをめぐっての詳しい情報を、われわれは持ってはいない。だが、かつてその会社の専属監督でさえなかったアルドリッチの、ユニヴァーサルのために一肌脱ぐことをも辞さないといういささか場違いな情熱のうちに、撮影所システムの消滅によって崩壊の危機に瀕したアメリカ映画の歴史を、何とか自分の手でハリウッドにつなぎとめておこうとするアルドリッチの執念を見落すわけにはいくまい。

だがそれにしても、決して青くさい「シネフィル」ではないはずの豊かなキャリアの持主たちを、その生涯の終わり間ぎわに喧嘩別れさせてしまったハリウッドとは何なのか。「観光客として」さえ足を踏み入れるなと後進に語ってやまなかったというニコラス・レイにとっても、それは許されてはならぬ不吉にして邪悪な何かであったろう。ユーゴスラビアとの合作の企画が撮影直前に曖昧なかたちでついえさって以来、ほぼ無一文の状態で合衆国に戻ったニコラス・レイは、七三年から数年がかりで『ウイ・キャント・ゴー・ホーム・アゲイン』を仕上げるのだが、これはハリウッド映画とは似ても似つかぬ「実験映画」に仕上がっており、そこには、商業映画を撮っていた時期からやりたかったという視覚的な試みが実践されてはいるが、どちらかといえば、三〇年代にエリア・カザンとその仲間たちが撮ったアマチュア・フィルムの前衛的な精神のようなものが脈打っている。七〇年代のニコラス・レイは、文字通り、ハリウッドを遠く離れた存在になっていたのである。事実、彼はニューヨークに住みつき、大学の映画学科で後進の指導にあたることになるだろう。ジム・ジャームッシュがそうした学生のひとりであることは、よく知られている。

『波止場』(54)以後の全作品はニューヨークの撮影所で仕上げたというエリア・カザンの言葉通り、すでに五〇年代から、ハリウッド以外の場所でいくらでもアメリカ映画は撮れるようになっている。人件費が安いという理由で西部劇のロケ地にメキシコが選ばれた五〇年代の半ばから、マドリッドやローマで撮った方が遥かに安あがりだという時代が始まっていたのである。また、海外にまで足を伸ばさずとも、ニューヨークにはアストリア・スタジオという由緒正しい撮影所が復活しており、コッポラの『コットンクラブ』

(84) はそこで撮られたことを宣伝材料の一つにしていたほどだ。さらには、ハリウッドのステージでのセット撮影よりも、ロケーションによる撮影の方がより効果的だという方法の簡易化のために、大型トラックによる機材移動のシステムを企業化した「シネ・モビール」方式も六〇年代の終わりから大幅に活用されているし、人工光線よりは自然光線での撮影に秀でたキャメラマンたちがヨーロッパから招かれたり、ヴィルモス・スイグモンドやラズロ・コバックスのようなその専門家たちが、アメリカ映画の画質を完璧に変えてしまってもいる。ゴードン・ウィリスと組んだウッディ・アレンのこの時期の作品も、映画にカリフォルニアの晴天など必要としないといい続けているかのようだ。

Ⅶ 誰がハリウッドを必要としているか

ゾーエトロープ現象

アルドリッチが『カリフォルニア・ドールズ』の撮影にかかろうとする一年半前に、ニコラス・レイがニューヨークで息を引きとる。その最後の光景をフィルムにおさめたヴィム・ヴェンダースの『ニックス・ムービー/水上の稲妻』が完成するのは、死後一年たった一九八〇年のことになるだろう。

ちょうどそのころ、『地獄の黙示録』(79)を封切ったばかりのフランシス・フォード・コッポラは、一九一九年に設立されたジャスパー・スタジオから発展した由緒あるハリウッド・ジェネラルの撮影所を、七百万ドルで買収する。いまや、コッポラの権威は揺るぎないものであるかにみえる。もちろん、彼の名声は『ゴッドファーザー』(72)と『ゴッドファーザー PARTⅡ』(74)ですでに揺るがぬものになってはいたのだが、この二作は、すでに屋台骨が傾きかかったメジャー系のパラマウント製作によるものである。当時、パラマウントの社長は、かつての冴えないB級スターのロバート・エヴァンスで、この映画の成功を信じない上層部とコッポラとのあいだには、キャスティングの段階から多くの軋轢が生じていた。それとは異なり、『地獄の黙示録』は監督がすべての要素を統御しうる彼自身のプロダクションの製作なのであり、アメリカでの配給をユナイトが担当したとはいえもはやメジャー系の介入を必要とはしていないのである。

こうして、いよいよコッポラの季節が到来しようとしているかにみえる。それを機に、サミュエル・ゴールドウィンの撮影施設をもそっくり支配下におさめ、それまでサン・フランシスコにあったプロダクションをハリウッドに移動した彼は、最先端のテクノロジーを完備した撮影所ゾーエトロープによって、帝国再建の夢を果たそうというのである。このゾーエトロープ撮影所を、ジョージ・ルーカスのルーカスフィルムやスピルバーグのエンブリン・エンターテインメントなどと同じ個人プロダクションのひとつだと勘違いしてはならない。一九六九年にサン・フランシスコに設立されたアメリカン・ゾーエトロープとも異なり、これは、最盛期のハリウッドのように多くのスタッフや俳優たちを契約下におさめた、完全に自律的な撮影所なのである。ジーン・ケリーやマイケル・パウエルを契約スタッフとしてかかえ、ゴダールの作品の配給やプロデュースさえ企画に上っていたというこの撮影所の活動は、それじたいとしてきわめて野心的な試みであることは間違いない。だが、ハリウッドの撮影所システムが完全に崩壊している一九八〇年という時代に、かつて有効に機能した撮影所の双頭の組織を、こんどはニューヨークの本社を欠いたかたちのピラミッド状に構築しなおそうとする野心は、同時に不条理きわまりないものでもあるというべきだろう。事実、そのスタジオによって生み出されたことで記憶さるべき作品はコッポラ自身の『ワン・フロム・ザ・ハート』（82）のみであり、しかも、その記録的な不入りによってほどなく撮影所を手放さざるをえず、巨額の負債のみが残されたのだから、黒澤明の『影武者』（80）の配給を引き受け、アベル・ガンスの『ナポレオン』（27）のアメリカ公開を企画したコッポラにいかにもふさわしい壮大な悲劇だとさえいえる。

だが、こうしたコッポラの暴挙と呼ぶに近い振舞いを、われわれはとうてい笑ってやりすごす気にはなれない。ここでの彼は、アメリカに対して映画を擁護する闘いを、あたかも敗北を覚悟のうえであるかのように演じてみせているからである。おそらく、ハリウッドという土地に住みつく精霊だけが惹き起こすに違いないこの種の美しい敗北に無感覚で

『地獄の黙示録』

いられる者は、一人としていないはずなのだが、事態は、コッポラに対してますます不利なかたちで展開してゆく。オール・ロケーションという野心的な『アウトサイダー』(83)も、事故死した息子に捧げられた『ランブルフィッシュ』(83)も、ほとんど無視されてしまう。ロバート・エヴァンスによる企画『コットンクラブ』(84)を受け継いでも成功したとはいいかねるし、かつて自分が製作した『ハメット』(82)のヴィム・ヴェンダースが「最後のアメリカ映画」として撮った『パリ、テキサス』(84)の成功によって、コッポラ以上の評価をうけることになり、かくして、コッポラの時代はあっけなく遠ざかってしまう。

コッポラという反時代的な作家の不幸は、そしてそれこそが彼の魅力でもあるのだが、ロバート・アルドリッチには恵まれていた商品の管理能力を徹底して欠いていることにある。そもそも彼は、自分がどんなジャンルを得意とする監督であるのか、いまだに把握しきっていないようにみえる。実際、初期の作品はともかく、『雨のなかの女』(69)と『ゴッドファーザー』とが同じ監督の手になる作品とは考えにくいし、また、ひたすら説話論的な緊密さで勝負する『カンバセーション…盗聴…』(74)が、視覚的な効果が大がかりに物語を侵食する『ワン・フロム・ザ・ハート』とどう折り合いをつけるのか、それを理解するのはむつかしいし、『地獄の黙示録』のような大作と『アウトサイダー』のような地味な青春ドラマを撮りわけながら、それが器用さを証拠だてているとも思えず、むしろある種の分裂を印象づけることになるのである。彼の作品系列がおさまるこの曖昧さと、その名前の大きさとのアンバランスが、商品管理を困難なものたらしめているのであり、すでに三十年のキャリアを持ちながら、いまだに「コッポラ・タッチ」を主張しえないところが彼の魅力であり、また弱みでもあるといえるだろう。

彼が、ジョージ・ルーカスの『THX—1138』(71)と『アメリカン・グラフィティ』(73)をプロデュースし、同時に自作の『ゴッドファーザー』と『ゴッドファーザーPARTⅡ』をヒットさせ、冴えないB級スターだったロバート・エヴァンスが社長の座にあるパラマウントを一時的ながら救ったのは七〇年代の初頭のことであり、まさしくハリウッドの崩壊が誰の目にも確かなものと映った時代のことである。ハワード・ホークスが遺作となる『リオ・ロボ』(70)を撮り終え、その三年後、ジョン・フォードが他界したばかりの、ちょうどハリウッドの偉大な名前が消滅しようとしていたときに、彼は、もはや存在しないはずのハリウッドにあっての新しい巨匠であるかのようにもてはやされることになってしまったのだ。気の早い批評家は「ルネッサンス」といった言葉を口走ってしまったほどだが、その名前の大きさが、彼に『地獄の黙示録』をインデペンデント映画として撮ることを許すことになったのである。

撮影所システムの再興という野心的な試みが成功しなかったばかりか、それがコッポラに巨額の負債を背負いこませることになったことは、すでに見た通りだ。おそらく、このとき、ハリウッドは二度目の死を迎えたのであり、『コットンクラブ』の壮大な失敗はその象徴だといえるかもしれない。いったんはその圧政から逃れたはずのプロデューサーとの軋轢で長びく撮影に耐えながら、彼がこの映画の仕上げにかかっていた一九八三年の暮れに、ロバート・アルドリッチが他界する。喧嘩別れしたかつての僚友ジョゼフ・ロージーも、その半年後にロンドンで死ぬ。ドン・シーゲルが主演のベット・ミドラーの理不尽な要求に耐えながら遺作となる『ジンクス! あいつのツキをぶっとばせ!』(82)を撮るのもちょうどそのころである。かつてのハリウッドでアメリカ合衆国への闘いを組織していた映画作家たちは、ほぼこの時期に世界のスクリーンから撤退することになるだろう。それがコッポラのゾーエトロープ撮影所のあまりに早すぎた終幕とかさなりあっていたことは、いかにも象徴的である。

虚構都市ハリウッド

ジョージ・ルーカスが製作した『タッカー』(88)は、一見したところ、アメリカン・ドリームの復活を描いたかにみえる保守的な題材ゆえに、コッポラの野心の低下を印象づけるかもしれない。だが、ジェフ・ブリッジスの楽天的な笑顔にもかかわらず、ふとロバート・ロッセンやジョン・ヒューストンをさえ思わせる四〇年代後期の反逆的な英雄物語と、それにふさわしい簡潔な題材処理が行われており、まるで映画産業における「五〇年代作家」の闘いを描いているかのようにみえる。舞台は自動車産業界を背景としていながら、主題は文字通りメジャーの支配に対するインデペンデントの闘いだし、派手な視覚的な効果に対して明らかに物語的な簡潔さが優位を占めている。しかも、メジャーの無理解と想像力の欠如に対する孤独な闘いを、コッポラは、それ自体としては目に見えないクレーン撮影のみせかけの楽天性によって語っているのだ。

イメージの安易なスペクタクル化にさからう『タッカー』の反時代性は、それにふさわしく正当に評価されねばならないだろう。だが、スピルバーグがプロデュースを担当した『ドラキュラ』(92)となると、コッポラはふたたび視覚的な効果のために物語を犠牲にしているかのようにみえる。色彩、装置、衣装、メーキャップがことさら重視された映画だという意味では、コッポラのフィルモグラフィーにあっては、これはむしろ『ワン・フロム・ザ・ハート』の系譜に属する作品だといえる。そうする以外に、いま『ドラキュラ』を撮る理由は見いだしがたいだろうし、コッポラがある程度までそれに成功しているのも確かだとはいえ、その出来栄えをみるにつけ、決して才能を欠いているわけではないコッポラという監督をいかに活用すべきかについて、現代のアメリカ映画はいまだ明確なイメージをいだくにいたっていないとつぶやかざるをえない。

ストーリー・テリングと視覚的な効果の追究との間に引き裂かれたコッポラのこうした分裂症的な資質こそ、すでに崩壊していながらも神話としてはそれなりに機能し続けているハリウッドの曖昧さを象徴するものにほかなるまい。フランシス・フォード・コッポラとは、おそらく過渡期的な作家なのであり、そのこと故に、かつてのハリウッドの巨匠のようなステイタスを獲得するにいたらず、また、ハリウッド崩壊後のアメリカ映画の安易さに徹することもできないのである。そのデビューに手をかしたジョージ・ルーカスやスティーヴン・スピルバーグが製作を担当することによってかろうじて作品を撮っているコッポラを見ると、かつてのニューヨーク本社にあたる保護機能をおびた組織と、プロデュースの勘に恵まれた助監督として「五〇年代作家」のデビューを助けたアルドリッチのような才能の持ち主がそのかたわらに見当たらないことが惜しまれてならないのだが、そうしたことがもはや望みえないのが世紀末の映画産業の構造なのだというのであれば、ハリウッドという土地の精霊はもはや死にたえたというべきだろう。

では、いまハリウッドを必要としているのは誰なのだろう。イェルジー・スコリモフスキーやミロス・フォアマンといった東欧からの亡命者たちの一時的、または半永久的な避難場所としての合衆国西海岸はいまなお機能しているし、コンチャロフスキーやルイ・マルでさえその恩恵に浴しはしたのだが、これは生活圏としての土地というより、世界的配給網の仮の中心としてのハリウッドでしかないだろう。事実、イギリスのインデペンデント製作者デヴィッド・パットナムのコロムビア社長就任にともない、必ずしも才能豊かというわけではない英国系の監督たちがそれに似た特権を享受しえたが、このシステムの発揮しえた最大の功績は、同じイギリスのジェレミー・トーマス製作の『ラストエンペラー』（87）のアメリカ配給を引き受けることでベルトルッチ一統にオスカーをもたらした点に尽きており、かえってハリウッドの無力さを世界に印象づけたのみである。事実、コロムビアはほどなく日本の企業に買収されてしまうだろうし、ユニヴァーサルも同じ運命をたどることになるのだが、ハリウッドに投資されるジャパン・マネーが、合衆国に対する映画擁護の闘いに貢献しようとはとても思えない。いまや、ハリウッドという土地の名前は、アメリカ映画の歴史さえ知らない外国の投資家たちにとってのみ意味を持つ空疎な記号でしかなくなっている。

ハリウッドとは、多少とも名の通った合衆国西海岸のたんなる土地の名前以外のなにものでもない。それに、マウント・リーの山頂につらなるHOLLYWOODの巨大な文字は、もともと不動産業者によって土地開発の目的で立てられたものでしかなかったのである。晴天の日には二十五マイルの距離からも鮮明に望まれるものだというが、その巨大な文字も風雪に耐えかね、撮影所システムが崩壊した七〇年代を通じて、あたかもその事実を反映するかのように、一つ二つと崩れ落ちてゆく。一九六四年から七〇年までの間に最も破損が激しかったというのは、どこかしら象徴的だといえよう。アメリカ映画の興行収入が記録的な落ち込みを体験した七二年に市の文化史跡の一つに指定されながら、当然のことながら、補修のための資金は集まらない。七七年には、改めてDの文字が欠け落ち、続いてOのひとつが崩壊する。再建計画のためにTシャツまで売られ、テレビスポットが流されても、映画産業の側からの資金提供の申し出はない。まがりなりにも潰れずに残っていた撮影所は、一つとして積極的に動こうとはしなかったからである。

結局、最初のOの補修に金を出したのは『プレイボーイ』社長のヒュー・ヘフナーであり、あるロック歌手がグルーチョ・マルクスの記憶に捧げるという条件で最後のOを買いとる。かくして、一九七八年十一月十一日、新たな装いを施されたハリウッド・サインの完成式が行われる。折からの豪雨で、サーチライトの照らし出す丘の上の九文字を戸外からながめたものはほとんどいなかったという。全国ネットワークのテレビがその模様をそれぞれの家庭に送りとどけたのだが、かえって、それがもはや映画とは異質の儀式であることを印象づけることになってしまったのである。

再建されたハリウッド・サインを犯罪解明の小道具に使った無視しがたい「フィルム・ノワール」の商品が存在する。ジム・ジャームッシュの『ストレンジャー・ザン・パラダイス』(84)のニューヨークが、ヌーヴェル・ヴァーグの監督たちの目に映ったパリのなまなましさに匹敵しようとする試みであったように、この映画に描かれたロサンジェルスとハリウッドの光景もまた、妙に新鮮で見る者の心を躍らせる。監督は、香港系のウェイン・ワン。題名は『スラムダンス』(87)。主演がトム・ハルスとヴァージニア・マドセン。助演がミリー・パーキンスとハリー・ディーン・スタントン。『アマデウス』(84)のト

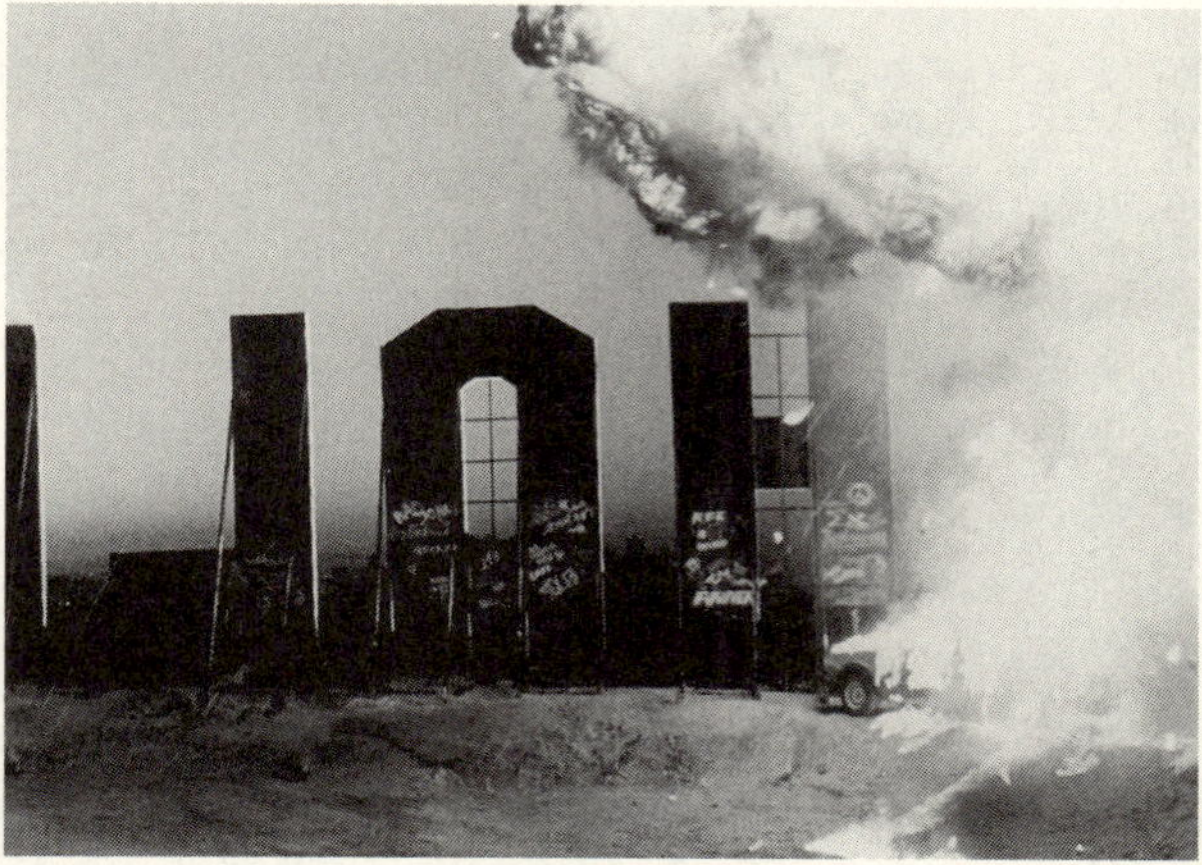

『スラムダンス』

ム・ハルスが売れない劇画作家を演じ、知らぬまに犯罪に捲きこまれるという犯罪映画の筋立てを、たぶん亡命イラン人であろうキャメラのアミール・モクリが小気味よくフィルムにおさめている。ここには、俊才と呼ばれるわりには脚本の処理に大胆さを欠くことが多いロジャー・コーマン門下には撮れそうもない「B級」的な犯罪映画の香りが漂っており、無国籍的なアメリカ映画の臆面のなさが見るものに快い驚きをもたらす。

おそらく一部をオープンセットで再現したに違いない『スラムダンス』のハリウッド・サインは、劇画作家のアトリエの白壁をネオンで飾る破損したHOLLYWOODの文字とともに、神話都市ハリウッドがもはや郷愁の対象とはなりがたいさまを、さしたる感傷もなく描こうとしているかのようだ。あるいは、来るべき世紀におけるハリウッド神話を素描しつつあるのかもしれない。それは、日本を初めとする外国資本の支配による多国籍的なアメリカ合衆国の一都市ではなく、むしろ、より無国籍化された虚構の都市としてのハリウッドであるに違いない。

初めてビヴァリー・ヒルズにロケーションを敢行したジム・ジャームッシュの『ナイト・オン・ザ・プラネット』(92)の冒頭の挿話で、ハリウッドの町は、まるで外国人によって撮られた土地のような表情におさまっている。もちろん、これはアメリカ映画ではあるがハリウッド映画ではないのである。ハリウッド以外の場所でいくらでもアメリカ映画が撮れることが当たり前になったいま、ハリウッドという虚構を必要としているのは、いったい誰なのだろうか。

終章

ロバート・アルドリッチが他界した一九八三年、アメリカの映画産業は、合衆国内での年間入場者による総売上げとして、十二億ドルという数字を記録している。これが、ハリウッドという「絢爛豪華」なイメージにすがって生きる映像ビジネスにふさわしい数字であるか否かは、ひとまず問わずにおく。また、世界セールスや、テレビ、ビデオなどでの二次使用から期待しうる利益なども、ここでは一応無視することにしよう。問題は、ハリウッドがアルドリッチを失ってからほぼ十年後の九二年、入場料は明らかに高騰しているにもかかわらず、合衆国の観客が映画館の窓口で支払った紙幣の総額は、ほぼ九億ドルにまで減少しているという点である。合衆国と映画との闘いは、映画にとって明らかに不利なかたちで展開している。ことによると、その決着はほぼついてしまっているのかもしれない。

確かなことは、アメリカ人が、緩やかにではあるが着実に映画を見捨て始めているという事実だろう。いま、この傾向が大きな変動を蒙りそうな条件は、合衆国の映画界にはほとんど見当たらない。もちろん、ハリウッドの映画産業は、すでに七〇年代の初めにかつてない落ちこみを記録しているのだから、いまさらそんな事態は驚くにはあたるまい。だが、撮影所システムの崩壊以後に映画を撮り始めた若い世代の活躍によって、いったんはその傾向に歯止めがかかりはしたのである。しかし、ジョージ・ルーカスが二十世紀フォックスを説得して『スター・ウォーズ』(77)の製作を受け入れさせ、スピルバーグがユニヴァーサルをほとんど騙すようにして『ジョーズ』(75)を撮ってしまったような状況の再現は、いまや、まったくといってよいほど期待しえないのである。『スター・ウォーズ』や『ジョーズ』が優れた映画であるかどうかはともかくとして、少なくとも観客の感性に驚きをもたらすような新鮮な作品の登場は、ここしばらくはありそうもないとみてよいだろう。

それでいながら、十年前には年間わずか三十五人にすぎなかった新人監督が、九二年には九十人もデビューしている。この数字は、観客数の減少と、映画を撮りたい若者の増加とがほぼ反比例している事実を示しており、これは世界的な傾向だといってよかろう。だが、合衆国においては、この傾向は、必然的に、いわゆるメジャー系の製作会社の地盤低下となって現れざるをえない。必ずしもハリウッドに本拠を置いているわけではないインデペンデントの監督や製作者の増大を積極的な力としうるような構造は、いまのアメリカには存在しないからである。

撮影所システムが崩壊した後になおメジャーであることが何を意味するのかは、すでに検討した通りである。かつて、システムとしての撮影所を支えた低予算の「B級映画」の精神はいまやインデペンデントに受け継がれており、そのノウハウを心得ているメジャー系のプロデューサーなど見当たるはずもなかろう。また、超大作を任せられるほど確かな腕を持った職人監督も、現在のハリウッドには見当たらない。彼らは脚本の獲得に驚くほどの金額を支払い、ひたすらかつての名作のリメイクに奔走している。『殺人魚フライングキラー』(82)でデビューし、誰の目にも「B級映画」にふさわしい才能をそなえた監督と映るジェームズ・キャメロンに、一億ドル近い予算を投じて『ターミネーター2』(91)を撮らせるといった現状は、産業としてのアメリカ映画のパースペクティヴを救いがたく狂わせているといわねばなるまい。明らかにマイナーな感性に恵まれた『ビートルジュース』(88)のティム・バートンが、大作としての「バットマン」シリーズを任されていることにも、たやすくは承服しがたい不均衡を感じる。こうした混乱の実態に、はたしてハリウッドは自覚的なのだろうか。

そもそも、現在の合衆国に、メジャーとみなされうるような会社は存在しているのか。MGM、ユニヴァーサル、ワーナー、二十世紀フォックス、パラマウント、コロムビアといった昔ながらの名前に、トライスターとディズニーの二つを加えたものが「ビッグ・エイト」といったことになるだろう。その大半はかつてと同じ名前で映画産業に関わり続けているが、第三章「神話都市の廃墟で――「ハリウッド撮影所システム」の崩壊」でMGMについてみたように、その実態はハリウッドの最盛期とはまったく別のものになってしまっている。これらのほとんどは、年間わずか十数本を製作しているのみであり、しかもその多くは「ピック・アップ」方式と呼ばれる企画の買い取りによって実現されているものなので、製作会社というより、むしろ配給会社としての性格が顕著なのである。ハリウッドは、いまや夢の工場ではなく、せいぜいがその取引所であるにすぎない。ユナイトの崩壊以後、それにかわる役割を果たすかにみえたオライオンは、いくぶんか抒情的な息吹きがあるとはいえ、『ジョーズ』や『スター・ウォーズ』より映画としては遥かに保守的な『ダンス・ウィズ・ウルブズ』(90)を墓標として、すでに消滅しかけている。いくつものアカデミー賞が巨大な徒花となる時代が間違いなく到来しているのである。事実、メジャー系の会社には、もはや商品の管理能力にとどまらず、みずからの管理能力さえ失われ始めている。時代は明らかに映画産業に不利なかたちで進展しており、それへの有効な対応策をメジャー系の映画会社は持っていない。

なにより象徴的なのは、一九九二年度のアカデミー賞授賞式に監督賞候補として並んだ五人の顔触れだろう。メジャー系の撮影所で撮られた映画の監督としては、ユニヴァーサル製作『セント・オブ・ウーマン／夢の香り』のマーチン・ブレストしか見当たらないからである。あとの四人は、いずれもこれまでハリウッドから手痛い仕打ちを蒙ってきた映画作家ばかりなのである。事実、かつて『モナリザ』(86)で高く評価されながらもハリウッドでは徹底して無視されていた『クライング・ゲーム』のニール・ジョーダンは、アイルランド系イギリス人というかにもマージナルな存在にすぎない。『ハワーズ・エンド』のジェームズ・アイボリーはといえば、アメリカ人でありながらもインドで映画を撮ったりするこれまたマイナーな監督で、英国風の題材を得意としながらある種の商品価値を獲得してはいるものの、むしろ反ハリウッド的な監督に分類されている。『ザ・プレイヤー』のロバート・アルトマンとなると、八〇年以後、ヨーロッパを主要な仕事場所として選ぶしかなかった亡命作家にほかならず、そんな監督におそまきながら訪れた栄誉は、ほとんどパロディの域に達しているというべきだろう。『許されざる者』のクリント・イーストウッドの場合は、配給こそワーナー・ブラザーズに任せてきはしたが、彼自身のプロダクションであるマルパソ・カンパニーによって好き勝手に映画を撮ってきた、言葉の真の意味におけるインデペンデント作家なのである。

こうしたハリウッドらしからぬ名前ばかりが監督賞候補として顔を連ねている九二年度のアカデミー賞は、いったい何を意味しているのだろう。合衆国にも、いよいよインデペンデントの時代が到来したことのしるしをそこに読むべきだろうか。それとも、かつては映画の代名詞であったハリウッドは、いまや映画に吸収されようとしているのだろうか。

たしかに、組織の巨大さに捕らわれることのない映画作りの優位は次第に認識されつつある。事実、監督でいうなら、ジム・ジャームッシュに始まり、コーエン兄弟から、クエンティン・タランティーノへといたる系譜には、なにがしかの期待が持てはしよう。また、『悪魔のいけにえ』(74)でトビー・フーパーを、『死霊のはらわた』(83)でサム・ライミを作家として売り出すことに成功したニュー・ラインのロバート・シェイなど、プロデューサーとして一貫した政策を維持しているのだが、そこには、アメリカ合衆国に対する映画の闘いという伝統がかろうじて感じとれるように思う。事実、『ザ・プレイヤー』が『エルム街の悪夢』(84)と同じマイナーな会社ニュー・ラインの作品であることは、どこかしらわれわれを勇気づけてくれもする。そこには、低予算の映画を撮ることの創造的な戦略が明らかに感じとれるからである。

だが、低予算といっても、一千万ドルの予算でその十倍の収益をあげたという『フライド・グリーン・トマト』(91)を撮ったジョン・アヴネット監督のような人材にアメリカ映画の未来を賭けようとするのは、いくら何でも情けない気がする。それは、たんなるアメリカ映画だというにとどまらず、合衆国に対する醜いまでの追従ぶりしか感じられない映画だからである。われわれとしては、必ずしも好ましい映画というわけではないが、『ダイ・ハード』(88)や『リーサル・ウェポン』(87)のようなシリーズを生み出したジョエル・シルバーのようなメジャーなプロデューサーにむしろ親近感をおぼえる。そこには、ひたすら特殊効果の人気に頼って活劇精神を放棄していたメジャー系の会社に対する有効な刺激が感じられるからである。

だが、これまで多くのページを費やしながら「翳りの歴史」を擁護してきたのは、多少とも自国の映画史には敏感なはずのロバート・シェイやジョエル・シルバーといったプロデューサーたちにアメリカ映画の未来を託するためではなかった。また、いまさらメジャーに対するインデペンデントの相対的な優位を確認するためでもなかったはずである。なるほど、ハリウッドの映画史の読み直し作業における立ち遅れが、今日のアメリカ映画の惨状の無視しがたい理由のひとつだという点は確かである。だからといって、彼らが改めて「五〇年代」に視線を向けることで何かが刷新されるというわけでもないだろう。

では、この書物のめざすものは何だったのか。「翳りの歴史」を擁護するという姿勢の背後には、おそらく、抹殺への意志が働いている。それは、ハリウッドという神話的な都市の名前を映画の歴史から永遠に抹殺せずにはいられないという意志にほかなるまい。なぜ、抹殺させねばならないのかと問われるなら、それがいまなお維持しているかにみえる保護機能から、アメリカ映画を決定的に解放しなければならないからだといわねばなるまい。その保護機能が、いまやひとつの虚構にほかならぬという事実は誰の目にも明らかなはずなのに、反ハリウッドをとなえるインデペンデントの作家さえ、実はその保護機能をひそかに期待している。その期待が消滅したとき、アメリカ映画はおのれ自身の亡霊から解放されるだろう。

この書物が夢みているのは、あらゆるアメリカ映画がたんなるアメリカ映画となりながら、それが、間違ってもアメリカ合衆国にだけは似ないということなのだ。だが、ハリウッドの保護から自由になったアメリカ映画が、合衆国に対する孤独な闘いに耐えうるだろうか。「翳りの歴史」に意識的なものだけが、それに耐える感性を持っているはずなのだ。

LLYWO D

あとがき

映画についてものを書き始めたころから気になっていたハリウッドの「五〇年代作家」をめぐっては、もう十年も前から東京大学や立教大学のゼミナールで何度か取り上げていたし、編集の責任者だった季刊『リュミエール』で特集を組んだり、アテネ・フランセでの特集上映の企画に積極的に加担したりもしたものだ。その間、ジョゼフ・ロージーその人が日本で映画を撮ったり、ニコラス・レイの処女作『夜の人々』が四十年ぶりに日本で初公開されたりして機は熟していたのだが、それでいながら、こうして一冊の書物としてまとまるまでに随分と時間がたってしまったのは、多忙を極めたという個人的な理由はあったにしても、やはり「五〇年代」という時代が何とも複雑な問題を抱えこんでいたからに違いない。われわれが「五〇年代作家」に執着するのは、彼らの幾人かがいわゆる「赤狩り」の犠牲者だったからではなく、はからずも、なにかしらもっと大きなものの犠牲者だったはずなのに、それが何であるのか、彼らも、またわれわれも充分には意識しえなかったからにほかならない。その何かが、「三〇年代」に視線を注ぐことでどうやら見え始めるのにすっかり時間がかかってしまったのだ。

季刊『リュミエール』で「五〇年代」を特集したときいらいの戦友間宮幹彦さんに、書物となるにあたっても編集を担当していただけたのは望外のしあわせである。著者の勤務先での職業的な義務からひたすら無駄に時間が流れてしまうことにも苛立たず、懲りずに励まし続けて下さったことに、心からのお礼を申し上げる。間宮さんと、国会図書館で「非米活動委員会」の議事録をマイクロフィッシュで読み始めた時からかなりの時間がたってしまったが、この書物を、誰にもまして、貴重な協力者としての間宮さんに捧げたい。本当にありがとうございました。

一九九三年七月

著者

文庫版のためのあとがき

いまから二十年以上も前に書かれたこの書物にひたすらな執着を隠そうとしていない著者は、その文庫化にあたり、ことによったら時代遅れとも映りかねないその内容についてはほとんど手を加えず、もっぱら文体の細部を修正するにとどめました。その修正は、どこかしら上映時間七十七分の「B級」映画の簡潔さに似たいというかつての思いを補強するかたちでなされたものです。これは、あくまで、一九七〇年代から八〇年代にかけて、ひとりの日本の批評家がハリウッドの五〇年代に向けた視線という歴史的な証言として完結した書物だからなのです。

ＤＶＤはおろか、ようやく出まわり始めたＶＨＳによってさえ見直したい作品がほとんど存在していなかった時代のこと故、記述の大部分は文献の読みこみによるものであります。その意味で、この書物は、著者の映画をめぐる書物とは大きく異なっているといえましょう。書誌の部分に、当時は翻訳が存在しなかったものをつけ加えたほか、それ以後に読んだ書物をあえて列挙せずにおいたのはそうした理由によります。

文庫化にあたっては、『監督 小津安二郎〔増補決定版〕』に続いて、またしても筑摩書房第三編集室の北村善洋さんの手をわずらわせました。二十四年前の書籍化に尽力された元筑摩書房編集部の間宮幹彦さんとともに、北村さんには深い感謝の思いをささげさせていただきます。

二〇一七年八月

著者

解説

三浦 哲哉

一九三六年生まれの蓮實重彥が同時代的に愛好し、他の誰よりも見たという「自負」のもとで書かれたというハリウッド「B級映画」の歴史書である。ジョン・フォードやハワード・ホークスやアルフレッド・ヒッチコックといった偉大な作家の名がほぼ登場せず（しかし完全に、ではない）、映画の「翳り」の側面――いわば「B面」に焦点を置いた、きわめて独創的な映画論である。むろん「B面」とはいえ、それが重要度において二次的であるわけではいささかもない。「B面」に固有の魅力が存在し、また、「B面」に注目することではじめて浮き彫りになる事実がある。本書によってきわめて見事な定式が与えられた映画批評の鍵概念――「ありきたりな映画」、「映画の保護機能」、「スペクタクル化」、「説話論的な経済性」、そして「B級映画」は、まさに映画の「B面」に丹念なまなざしを注ぐことによってはじめて明瞭に示されえたものだ。これらはいまもなお映画の思考において欠かせないものでありつづけており、その意味でも本書は、映画入門のための必携書であると言える。

自分もかつて本書を読んでこれら概念に触れたとき、一挙に視界が開けた思いがしたものだ。一見してちゃちな低予算のモノクロ犯罪活劇における「いい加減さ」の魅力がどこに由来するのか、ゴダールの面白さの歴史的位置とは、黒沢清や青山真治のあれら痛切な作品は実際のところ何と闘っているのか、イーストウッド映画の「普通さ」はどう貴重なのか。映画のこれらもっともデリケートな部分へのアクセスを、本書は可能にしてくれるだろう。『ハリウッド映画史講義』によって得られる認識は、たとえばタランティーノ世代によって映画の歴史のリミックスが始まった、というようなそれとはまったく異なる。映画史は、編集台でいかようにも操作できてしまう平板な情報の集積などではなく、まさに一回限り起きた崩壊と喪失の過程であり、その崩壊に抗ってなされた無数の闘争の跡を刻んでいるということを本書はふかく納得させてくれるのだ。

「B級映画」的文章

本書は、三章で構成されている。順番に「見どころ」に触れていこう。第一章「翳りの歴史のために――「五〇年代作家」を擁護する」は、「Ⅰ　1935〜1944」から「Ⅶ　1959〜1960」までの七節に分かれ、それぞれの年代で起きた「翳り」の過程が綴られる。蓮實は自分の書物をそれぞれ特定の映画を念頭に置いて書いたと述べているが、本書は「B級犯罪映画」をモデルにしたのだという。この章のただごとでない疾走感は、まさにそれらを彷彿とさせる。避けられない死へとまっしぐらに向かう登場人物たちの道行きが、きびきびと、叙情を一切排してドライに語り切られるのだ。

主な登場人物は、ジョゼフ・ロージー、エリア・カザン、そしてニコラス・レイ。大不況下のニューヨークでクリフォード・オデッツの左翼的な戯曲をロージーは上演し、それがきっかけでこの三人の人生の交錯がはじまる。映画作家としての将来を嘱望されることになる彼らは、その後、いったいどのような歴史に巻き込まれるのか。それが五〇年代にラディカルに進行した「撮影所システムの崩壊」であり、ハリウッドの「翳り」にほかならない。本章で詳細に示されるさまざまな要因によって「ハリウッド映画」という一つの表現領域全体が大規模な変質を被り、三人はその波に直撃されるのだった。

スリリングに進む迅速な報告体の文章は、また、著者ならではの大胆な批評的判断と分かちがたく結びついている。たとえば『真昼の決闘』(52)については、「脚本の図式性と監督ジンネマンの悪の魅惑に対する鈍感さが、作品を平板な寓意に閉じこめており、それに憤ったホークスに『リオ・ブラボー』(59)を撮らせたことがこの作品の唯一の功績だろう」(七八頁)。「新しいスターたち」と題された節では、「バート・ランカスター、カーク・ダグラス、ポール・ニューマン、ウィリアム・ホールデンらの新スターを自由に使いこなしうる監督は伝統的な作家の中には見当たらない。ランカスターはアルドリッチ、ブランドはエリア・カザン、ホールデンはワイルダー、ポール・ニューマンはリチャード・

ブルックス、そしてジェームズ・ディーンはニコラス・レイと組んだときに最も輝くことになるだろう」(八〇―八一頁)。この情報量の圧縮ぶりと、あらゆる要素を瞬時に選別してゆく研ぎ澄まされた反射神経には脱帽するほかない。

迅速に、そして緊密に展開する本章の記述がクライマックスに達するのは、ロージーら映画作家たちをかつて結びつけたオデッツの芝居の光景が、不意にもう一度ハリウッド映画に回帰するくだりにおいてであるが、どのようにそれが見出されるかは、ぜひ本文にあたって確かめていただきたい。

「B級」とは何か

遍在するカメラで群像劇を素早く縫い合わせていく第一章に対し、第二章「絢爛豪華を遠く離れて――「B級映画」をめぐって」は一人の登場人物をじっくりクローズアップするところから始まる。その人物はロバート・フローレー。ほぼ無名でありながら、映画版『フランケンシュタイン』を企画するなど少なからぬ貢献を果たしたこの映画人の足跡を導きの糸として、ハリウッド映画における「B級映画」とは何かが、こんどは「構造的」に解き明かされる。

「B級映画」とは何か。この定義および用法を一新したところに本書の大きな役割のひとつがあった。簡単に確認しておこう。この語は、一級、二級、三級というような作品の出来映えの良し悪しを示す指標ではない。映画ジャーナリズムにもこの点に誤解があるのだと蓮實は指摘する。「B級」とは、トーキー化以後にはじまった映画館の二本立て上映という興行形態と結びついている。はじめに、低予算で上映時間も短かった「B級」映画が、次に、「A級映画」が上映されるという枠組みがあり、それに応じて、「B級」用のプロダクションと「A級」用のそれとが分かれるという事実があった。いわゆる「ハリウッド撮影所システム」とは、「A級」と「B級」とが棲み分けつつ、総体として互いに支え合う体制および、そこで実現されていた稀有な均衡を意味する。

次に蓮實は「B級の帝王」ジョゼフ・H・リュイスを登場させ、「A級」の十分の一程度の予算で量産されていた「ありきたりな映画」の価値をあらためてあきらかにする。「われわれが「B級映画」をあえて語ろうとするのは、そうした種類の作品に時折り接しながら覚える途方もない呆気なさの印象に、深く揺り動かされることがあるからにほかならない。良質の「B級映画」がおさまっている不気味なまでの単純さというか、取りつく島のなさというか、何かに促されて追いかけようとはしてみても、その何かにとうてい追いつけまいと諦めざるをえないような素早さが、われわれを置きざりにしてしまうからなのである。単純であることの誇らしさに無防備で接してしまうことの眩暈とでもいおうか、そこに映画があられもなく露呈されてしまったことへの怖れを含んだ喜びといったものを感じてしまうのだ」(一三〇―一三一頁)。

これまではっきりと言葉にされたことのない、まさにいわく言いがたい何かをそれでも言い当てようとにじりよっていく著者の姿勢が示されるくだりである。この種の魅惑に「深く揺り動かされ」た経験のある読者ならば思わず身を乗り出すほかないところだ。真剣な論究の対象となることのまれだったこの種の魅惑を意識的に主題とした点に本書の比類のない価値はある。しかも、それを時代遅れの骨董品としてありがたがったり、「ゆるさ」として趣味的に愛好するのとはまったく異なる姿勢において、今日の映画制作にも通じる実践的な観点からその有効性が評価されている点が特筆されるべきだろう。「「B級」の予算で短期間に撮られてしまうことで初めて輝きをおびる題材がある」（一三六頁）と蓮實は強調する。そして、ジョゼフ・H・リュイスを模範としたゴダールを、その輝かしい例証として挙げるのである。

「崩壊」がもたらしたもの

第三章「神話都市の廃墟で——「ハリウッド撮影所システム」の崩壊」はロバート・アルドリッチの挿話から始まる。その遺作となってしまった『カリフォルニア・ドールズ』（81）で女子プロレスラーたちがタイトルマッチを闘うラスベガスの会場でひときわ目を引く「MGM」の文字は何を意味するか。この問いに導かれて、こんどは「崩壊」がもたらした帰結が探られてゆく。その主張はきわめて明快だ。スタジオの崩壊は、まず、商品管理体制の喪失を意味する。三〇年代の大不況から第二次世界大戦期に至るまで、ニューヨークに置かれた本部の経営陣によって「ハリウッド」が保護されていたことの意義を本書は強調する。干渉をつづける「アメリカ合衆国」から「ハリウッド」を護る機能が失われることによって、いわば、映画は「裸で」社会と対峙しなければならなくなると蓮實は表現する。実際、撮影所システムの崩壊後、映画を知らない資本家たちに買収された映画産業は、自らのコントロールを失い、自堕落なスペクタクル化に流れて疲弊を進める結果にもなるだろう。かつてならば「B級映画」として撮られていただろう題材が、資本主義的要請との距離を保つことができずに不自然な大スペクタクルとなってしまう点がいかにも不幸であると指摘される。

さて、ではその美学的観点における帰結は何か。おそらく本書の主張のなかでもっとも人口に膾炙した点であると思われるが、それは「物語からイメージの優位へ」と定式化される。視覚的快楽を禁じて、物語を効率よく語ること。実は、それが「古典的」と呼ばれる時期のハリウッド映画の基本的な在りようだった。「あたかも映画が視覚的なメディアであることを否定するかのように、イメージの独走をおのれに禁じ、もっぱら説話論的な構造の簡潔さと、そのリズムの経済的な統御に専念するものがハリウッド映画だ［…］。事実、とりわけトーキー以後のアメリカ映画は、物語に従属することのない過剰な視覚的効果を抑圧しながら、見るという瞳の機能を必要最小限にとどめておくことで成立した、ほとんど不条理と呼ぶほかはない反視覚的な記号だったのである」（一九七頁）。「崩壊以後」の映画が失ったのは、「説話論的な構造の簡潔さと、そのリズムの経済的な統御」、すなわち「説話論的な経済性」である。見えないものの恐怖を描く「サスペンス」は、その結果、SFXを駆使したスペクタクルとしての「ホラー映画」へと変質する。スローモーションの氾濫を良しとする風潮の下で、距離の劇を緊密に構築することを本性とする「西部劇」というジャンルは、ほぼ消滅してしまう。

保護機能なきあとの「アメリカ映画」

「終章」において、蓮實は本書を執筆した意義を自問する。過去の崩壊劇を、現在と関連づけるきわめて重要な箇所なので、長いが引用しよう。「この書物のめざすものは何だったのか。「翳りの歴史」を擁護するという姿勢の背後には、おそらく、抹殺への意志が働いている。それは、ハリウッドという神話的な都市の名前を映画の歴史から永遠に抹殺せずにはいられないという意志にほかなるまい。なぜ、抹殺させねばならないのかと問われるなら、それがいまなお維持しているかにみえる保護機能から、アメリカ映画を決定的に解放しなければならないからだといわねばなるまい。その保護機能が、いまやひとつの虚構にほかならぬという事実は誰の目にも明らかなはずなのに、反ハリウッドをとなえるインデペンデントの作家さえ、実はその保護機能をひそかに期待している。その期待が消滅したとき、アメリカ映画はおのれ自身の亡霊から解放されるだろう」(二三三頁)。かつて「ありきたりな映画」を可能にしていた「保護機能」をあてにすることなく、それでも単純さの魅惑に充ちた「たんなるアメリカ」映画を構想することはいかにして可能か。この問いが発されてから四半世紀が経過しているが、むろんそれはいささかも古びてはいない。

この最後の問いもまさにそうだが、本書に含まれたさまざまな刺激は、後続世代の優れた研究成果を生んだ。第一章における「翳りの歴史」の延長線上において書かれたのは、上島春彦の『レッドパージ・ハリウッド——赤狩り体制に挑んだブラックリスト映画人列伝』(作品社、二〇〇六年)である。第二章の問題系を綿密な調査によって掘り下げたのは吉田広明の『B級ノワール論——ハリウッド転換期の巨匠たち』(作品社、二〇〇八年)である。先述した「結論」部の問いに関しては、『ロスト・イン・アメリカ』(デジタル・ハリウッド出版局、二〇〇〇年)がある。青山真治、黒沢清、安井豊、阿部和重、塩田明彦、稲川方人、樋口泰人による座談会の集成であるが、蓮實以後の地平における代表的な映画作家および批評家が、本書の問いかけを踏まえて、新しいアメリカ映画論の構築を試みている。あわせて樋口の単著『映画とロックンロールにおいてアメリカと合衆国はいかに闘ったか』(青土社、一九九九年)も挙げておこう。これらはむろんほんの一部にすぎず、本書の問題提起から生まれた成果はほかにも枚挙に遑がないし、そのポテンシャルはまだとうてい汲み尽くされたとは思えない。

「説話論的な経済性」

ここまで本書の「見どころ」を駆け足で見てきたが、ここからは、その中で提示された鍵概念についていささかの補足説明をしてみたい。これらは本文中で明快に定式化されているとはいえ、今後も考えつづけるべき興味深い点を含んでいると思われるからだ。まず「説話論的な経済性」である。この概念は、蓮實の別の著作と読み比べたときにとりわけ、あるわかりづらさを持つように思われる。どういうことか。「経済性」とは、手数の少なさを指す。より少ない手数でより多くのことを伝えることを「経済的」という。映画がスペクタクル化へと舵を切り、単純な身ぶりをスローモーションで壮麗に引き延ばすやり方は、「説話論的な経済性」の観点からは、まったくの弛緩であるということになる。

さて、「説話論的な経済性」をめぐるわかりづらさとは以下のようなことだ。手数が多いか少ないかを判断するためには、最終的に伝わる物語が「一定」でなければならないと通常は考えられるところであるだろう。「一定」であるからこそ、それを映像で物語るのに効率のよい手段とそうでない手段とがあることになる。しかし、蓮實がとりわけその初期の映画論で強調していたのは、一定の「物語」をあらかじめ前提することなく画面と向き合うことを余儀なくされるのが映画体験であるということだった。たとえば『映画の神話学』(ちくま学芸文庫、一九九六年。初刊:一九七九年)は次のような認識から開始される。「われわれがふつう映画と信じているものは、実はその朧げなうしろ姿でしかないのだから、闇の中の一瞬の残像との間に無限大の深淵がある。映画のイメージのより総体的な把握のためにわれわれの前にあるのは、どこにも存在しない空間と誰ひとり経験したことのない時間ばかりだ」。画面の上に生起しては通り過ぎる「残像」をほとんど接触的に手繰り寄せることが映画観賞体験であり、一般的に映画を要約すると考えられている「物語」は、蓮實映画論においては、あえて視野から外されるべきものとされたのだった。

実際のところ、蓮實が「経済性」というときに前提としているのは、大域的かつ静的な「物語」ではない。そうではなく、画面連鎖においてある有意の細部が繰り返し用いられ、そのことによって「機能 function」が形成され、或る時間のまとまりがつくられてゆくプロセスである。仮にその「機能」を形成させる主体としての「語り手」を設定するならば、語り手による動的な「説話行為」の有効性が問われているのである。

したがって蓮實が弛緩と言うとき、それはこの「機能」の束の稠密さが失われる事態を指すと理解されるべきであろう。視覚的な刺激を優先させて「スペクタクル化」した映画が否定的に捉えられる理由はここにある。「機能」を読み取ることができないとき、「闇の中の一瞬の残像」を手繰りよせようとする観客の集中は、徒労に終わるだろうからだ。撮影所システムとは、なにより映画をこの弛緩から護るべく機能していたというのが、本書のいまなお瞠目すべき主張である。この主張の効用は、また、撮影所システム下で作られた映画の（またその崩壊後にもなんらかのかたちで延命した）構成における見事さを記述する方途を示している点にある。

「古典」と「透明性」

最後にもう一つ、「透明性」という概念について見ておこう。映画批評においてこの語を人口に膾炙させたのはアンドレ・バザンである。バザンは一九三〇年代後半にハリウッド映画が完成に達し、そのときに「形式」と「内容」は完全に一致すると表現した（『映画とは何か』、岩波文庫、二〇一五年）。画面連鎖はそこで観客にとってまったく不自然だとは思われない水準に至り、映画が指し示すメッセージを誰もが誤ることなく見て取ることができる。そのような意味で映画は「透明性」を獲得するというのだ（バザンが念頭においているのは、パスカルの時代の「古典主義」における、「透明」を理想とする記号の在りようだろう）。バザンが提示した映画史観は、この「古典時代」のあとに、オーソン・ウェルズらによる「モダン」な映画の時代が来るというものだった。

本書の提示するハリウッド史の見取り図も、このバザン以来の歴史観と重なる部分があるように思えるが、しかし、蓮實の映画論はこの「透明性」に対するアプローチにおいて、バザン的なそれとは決定的に異なる。バザンが「古典」をしばしば理想的な過去（失われたあとに見出される「自然」）と捉えたのに対し、蓮實はあくまでその時期の作品を個別具体的に捉え、「透明性」がいかにして「透明性」を獲得するのかを生成論として分析する。その最初の試みが『映像の詩学』（筑摩書房、一九七九年。ちくま学芸文庫、二〇〇二年）所収のフォード論であり、ホークス論である。

偉大な作家の名前をほとんど排除したという本書は、「古典的」なハリウッド映画の「透明性」それ自体を正面から論じるのではなく、むしろ翳っていく過程においてそれを照射するのだと位置づけられる。だからこそ「A級」作家の名前はごくわずかだが言及される。「たとえばハワード・ホークスにしてもラオール・ウォルシュにしても、彼らの才能は、むしろキャメラの存在を意識させないまでにショットの独走を禁じることに発揮されていたのだといってよい」（一九九―二〇〇頁）というように。やはりそれらの名を完全に排除するわけにはいかない。「A面」と「B面」は――そして「透明性」と「不透明性」は、無論のこと幾重にも錯綜しつつ相互に補完しあっているのだから。

「キャメラの存在を意識させない」ということは、無作為の消極的な操作であるわけでは決してない。「自らを透明にする」という倒錯的な戦略がそこでは生きられているはずなのである。だが、すでに透明になり、追いすがろうとする私たちのまなざしにその「残像」だけを残すにすぎないあまりに素早い映像から、その戦略を充分に読み解くことは果たしてできるのだろうか。蓮實映画論はこの困難な問いへの応答として書かれている。刊行が予告されている「ジョン・フォード論」は、おそらく、あいまいな「ハリウッド・クラシック」という神話からこの作家を解放しつつ、「B面」を論じた本書を真の意味で補完する著作となるだろう。

（みうら・てつや　青山学院大学文学部准教授　映画批評・研究、表象文化論）

Wagner (Jean), *Nicolas Ray*, Paris, Rivages, 1987.
Wenders (Wim), *Nick's Film*, Francfort, Zweitausendeins, 1983.

歴史，制度，ジャンル

Biraghi (Guglielmo), *Prima dei Codici 2, Alle Porte di Hays*, La Biennale di Venezia, Fabbri Editori, 1991.
Bourgoin (Stéphane) et Mérigeau (Pascal), *Série B*, Paris, Edilig, 1983.
Brode (Douglas), *The Films of the Fifties*, New Jersey, Citadel Press, 1976.
Cross (Robin), *The Big Book of B Movies or How Low was My Budget*, New York, St Martin's Press, 1981.
Dixon (Wheeler W.), *The "B" Directors — A Biographical Directory*, New Jersey, Scarecrow, 1985.
Gomery (Douglas), *The Hollywood Studio System*, London, MacMillan, 1986.
Festival International du Film de Locarno, *Le Cinéma Américain des Fifties*, Locarno, Edition du Festival, 1981.
Friedrich (Otto), *City of Nets — A Portrait of Hollywood in the 1940s*, London, Headline, 1987.
Gardner (Gerald), *The Censorship Papers — Movie Censorship, Letters from the Hays Office 1934 to 1968*, New York, Dodd, Mead & Company, 1987.
Jacobs (Diane), *Hollywood Renaissance*, Barnes Tantivy, 1977.
Louis (Théodore) et Pigeon (Jean), *Le Cinéma Américain d'Aujourd'hui*, Paris, Seghers, 1975.
McArther (Colin), *Underworld USA*, New York, Viking Press, 1972.
McClelland (Doug), *The Golden Age of B Movies*, New York, Bonanza Books, 1978.
Veillon (Olivier-René), *Le Cinéma Américain — Les Années Cinquante, 1945-1960*, Paris, Seuil, 1984.

Parrish (Robert), *Growing up in Hollywood*, New York, Harvest, 1977. (『わがハリウッド年代記』鈴木圭介訳, 筑摩書房)

Ray (Nicolas), *Action — Sur la Direction d'Acteurs*, Crisée, Yellow Now, 1993.

作家論, 作品論

Amiel (Olivier), *Samuel Fuller*, Paris, Veyrier, 1985.

Bach (Steven), *Final Cut — Dreams and Disaster in the Making of Heaven's Gate*, New York, William Morrow, 1985. (『ファイナル・カット——「天国の門」製作の夢と悲惨』浅尾敦則訳, 筑摩書房)

Bourget (Jean-Loup), *Douglas Sirk*, Paris, Edilig, 1985.

Bourgoin (Stéphane), *Roger Corman*, Paris, Edilig, 1983.

Bourgoin (Stéphane), *Richard Fleischer*, Paris, Edilig, 1987.

Chaillet (Jean-Paul) et Vincent (Elisabeth), *Francis Ford Coppola*, Paris, Edilig, 1984.

Chaillet (Jean-Paul) et Viviani (Christian), *Coppola*, Paris, Rivages, 1987.

Cieutat (Michel), *Martin Scorsese*, Paris, Rivages, 1986.

Cilbert (David) éd, *Mission to Moscow*, Wisconsin, The University of Wisconsin Press, 1980.

Crawley (Tony), *The Steven Spielberg Story*, New York, Quill, 1983.

Garnham (Nicolas), *Samuel Fuller*, London, Secker & Warburg, 1971.

Giuliani (Pierre), *Nicolas Ray*, Paris, Edilig, 1987.

Godard (Jean-Pierre), *Spielberg*, Paris, Rivages, 1987.

LaValley (Al), *Invasion of the Body Snatchers — Don Siegel, Director*, London, Rutger University, 1989.

Maheo (Michel), *Robert Aldrich*, Paris, Rivages, 1987.

McBride (Joseph), *Orson Welles*, London, Secker & Warburg, 1972.

Piton (Jean-Pierre), *Robert Aldrich*, Paris, Edilig, 1983.

Tatum Jr. (Charles), *Monte Hellman*, Crisnée, Yellow Now, 1988.

参考文献

伝記，自伝，インタヴュー

Ciment (Michel), *Le Livre de Losey*, Paris, Stock, 1979.

Ciment (Michel), *Kazan on Kazan*, London, Secker & Warburg, 1973.

Corman (Roger) with Jerome (Jim), *How I Made A Hundred Movies In Hollywood And Never Lost A Dime*, New York, Random House, 1990.（『私はいかにハリウッドで100本の映画をつくり，しかも10セントも損をしなかったか――ロジャー・コーマン自伝』石上三登志・菅野彰子訳，早川書房）

Eisenschitz (Bernard), *Roman Américain, Les Vies de Nicolas Ray*, Paris, Christian Bourgois, 1990.（『ニコラス・レイ――ある反逆者の肖像』吉村和明訳，キネマ旬報社）

Fine (Marshall), *Bloody Sam — The Life and Films of Sam Peckinpah*, New York, Donald I. Fine, 1991.

Florey (Robert), *La Lanterne Magique*, Lausanne, Cinémathèque Suisse, 1966.

Halliday (John), *Sirk on Sirk*, London, Secker & Warburg, 1971.

Houseman (John), *Front & Center (1942-1955)*, New York, Simon & Schuster, 1979.

Huston (John), *John Huston*, Paris, Pygmalion, 1982.

Kazan (Elia), *Une Vie*, Paris, Grasset, 1989.

Leaming (Barbara), *Orson Welles*, New York, Viking, 1985.（『オーソン・ウェルズ偽自伝』宮本高晴訳，文藝春秋）

Narboni (Jean) et Simsolo (Noël), *Il était une fois ... Samuel Fuller*, Paris, Cahiers du Cinéma, 1986.（『映画は戦場だ！』吉村和明・北村陽子訳，筑摩書房）

索　引

ア

アイスラー，ハンス Eisler, Hanns 18, 35, 54, 56, 64
『愛する時と死する時』(58) *A Time to Love and a Time to Die* 94
アイゼンハワー Eisenhower, Dwight D. 72
アイボリー，ジェームズ Ivory, James 231
『アウトサイダー』(83) *The Outsiders* 216
アヴネット，ジョン Avnet, Jon 232
『青髭八人目の妻』(38) *Bluebeard's Eighth Wife* 34
『悪徳』(55) *The Big Knife* 86, 163
『悪の力』(49) *Force of Evil* 66
『悪魔のいけにえ』(74) *The Texas Chainsaw Massacre* 232
アステア，フレッド Astaire, Fred 80-81
アーノルド，ジャック Arnold, Jack 22, 151
『アフリカの女王』(51) *The African Queen* 78
アボットとコステロ Abbott & Costello 132
『アマデウス』(84) *Amadeus* 222
『雨のなかの女』(69) *The Rain People* 216
『アメリカの影』(59) *Shadows* 90
『アメリカの友人』(77) *Der Amerikanische Freund* 136
『アメリカン・グラフィティ』(73) *American Graffiti* 217
『アルカトラズの王者』(38) *King of Alcatraz* 126
アルトマン，ロバート Altman, Robert 231
アルドリッチ，ロバート Aldrich, Robert 27, 40, 50, 66, 76, 80, 85-86, 88, 130, 157-160, 162-164, 166-168, 174, 176, 204-206, 208-210, 212, 216, 218, 220, 227
『荒れ狂う河』(60) *Wild River* 88
アレン，ウッディ Allen, Woody 212
アンカーズ，エヴリン Ankers, Evelyn 148
『暗黒街の顔役』(32) *Scarface* 30
『暗黒街の弾痕』(37) *You Only Live Once* 32, 144
『暗黒の恐怖』(50) *Panic in the Streets* 66
『暗黒への転落』(49) *Knock on Any Door* 66
アントニオーニ，ミケランジェロ Antonioni, Michelangelo 167

イ

イヴェンス，ヨリス Ivens, Joris 18
『イヴの総て』(50) *All About Eve*

50
イェイツ，ハーバート・J　Yates, Herbert J.　129
『怒りの河』(51) *Bend of the River*　77
『怒りの葡萄』(40) *The Grapes of Wrath*　61
『イースター・パレード』(48) *Easter Parade*　68
イーストウッド，クリント Eastwood, Clint　137, 192, 203–204, 206, 231

ウ

ヴァーツェル・ソル Wurtzel, Sol　118–120, 124
ヴァレンチノ，ルドルフ Valentino, Rudolph　109
『ウイ・キャント・ゴー・ホーム・アゲイン』(73) *We Can't Go Home Again*　211
ヴィゴ，ジャン Vigo, Jean　82
ヴィダー，キング Vidor, King　9, 92, 96
ヴィダー，チャールス Vidor, Charles　44
ウィリアムズ，エスター Williams, Esther　166
ウィリス，ゴードン Willis, Gordon　212
ウィンクラー，アーウィン Winkler, Irwin　101
『ウィンチェスター銃'73』(50) *Winchester '73*　77
『ウェイティング・フォ・レフティー』*Waiting for Lefty* (theater)　19–20, 24, 28, 31–32, 100
ウェイン，ジョン Wayne, John　85, 129, 174, 222
ウエスト，ナサニエル West, Nathanael　91
ヴェラ＝エレン Vera-Ellen　162
ウェルズ，オーソン Welles, Orson　22–23, 26, 36, 39, 46, 88, 149, 156, 197–201, 203, 206
ウェルマン，ウィリアム・A Wellman, William A.　9, 50, 53, 92, 160
ウェンジャー，ウォルター Wanger, Walter　29, 32, 153, 169
ヴェンダース，ヴィム Wenders, Wim　99, 136, 163, 212
『ウォーカー』(87) *Walker*　194
『ウォーク・ア・クロックト・マイル』(48) *Walk a Crooked Mile*　53
ウォーリス，ハル・B　Wallis, Hal B.　89
ウォルシュ，ラオール Walsh, Raoul　9, 12, 14, 25, 92, 134–135, 143, 189, 199
ウォルターズ，チャールス Walters, Charles　68
『失われた週末』(45) *The Lost Weekend*　44
ウッド，サム Wood, Sam　57
ウッド，ジョン・S　Wood, John S.　52, 56, 73
ウルマー，エドガー・G Ulmer, Edgar G.　107, 137–138, 140–141, 144

エ

エイゼンシュテイン，セルゲイ

Eizenshtein, Sergei　18–19
『エヴァの匂い』(62) *Eva*　88
エヴァンス，ロバート Evans, Robert　213, 216–217
『駅馬車』(39) *Stagecoach*　143, 153, 169, 199
『エクソシスト』(73) *The Exorcist*　202
エクバーグ，アニタ Ekberg, Anita　90
エドワーズ，ブレーク Edwards, Blake　90
『F/X 引き裂かれたトリック』(86) *F/X*　194
『M』(31) *M*　32
エリセ，ビクトル Erice, Victor　107, 194
エリントン，デューク Ellington, Duke　46
『エル・スール』(82) *El Sur*　194
『エルム街の悪夢』(84) *A Nightmare on Elm Street*　232

オ

『黄金』(48) *The Treasure of the Sierra Madre*　48
『黄金の腕』(56) *The Man with the Golden Arm*　82, 183
『王子と踊子』(57) *The Prince and the Showgirl*　90
『狼男』(41) *The Wolf Man*　148
『オセロ』(52) *Othello*　88
オーツ，ウォーレン Oates, Warren　146
オデッツ，クリフォード Odets, Clifford　19, 24, 31, 86, 100–101
『男の敵』(35) *The Informer*　149
オートリー，ジーン Autry, Gene　129
『踊る大紐育』(49) *On the Town*　64
『鬼軍曹ザック』(51) *The Steel Helmet*　67
オーニッツ，サミュエル Ornitz, Samuel　58
オーブリー，ジェームズ・トーマス Aubrey, James Thomas　166
『汚名』(46) *Notorious*　44, 53
オリヴィエ，ローレンス Olivier, Laurence　64, 90
『オール・ザ・キングスメン』(49) *All the King's Men*　48
『俺が犯人(ホシ)だ』(55) *I Died a Thousand Times*　128
『俺たちに明日はない』(67) *Bonnie and Clyde*　189, 201
『折れた矢』(50) *Broken Arrow*　77
『女の香り』(68) *The Legend of Lylah Clare*　174

カ

『外人部隊』(34) *Le Grand Jeu*　56
カウフマン，フィリップ Kaufman, Philip　191, 203–204
カウフマン，ボリス Kaufman, Boris　82
『画家とモデル』(55) *Artists and Models*　90
『影武者』(80)　214
カーコリアン，カーク Kerkolian, Kirk　166–167, 176
カサヴェテス，ジョン Cassavetes, John　90, 100, 137
『カサブランカ』(42) *Casablanca*

38
カザン，エリア Kazan, Elia 21, 23, 25, 27, 40–41, 46, 48, 65–66, 74, 80–82, 88, 100–101, 171, 211
ガーシュイン，ジョージ Gershwin, George 59
カスダン，ローレンス Kasdan, Lawrence 192
『風と共に去りぬ』(39) *Gone With the Wind* 165
『風と共に散る』(56) *Written on the Wind* 94
カーチス，アラン Curtis, Alan 142
『合衆国最後の日』(77) *Twilight's Last Gleaming* 206
カッツマン，サム Katzman, Sam 132
『勝手にしやがれ』(59) *A Bout de Souffle* 99, 136, 141
カーティス，マイケル Curtiz, Michael 37–38
『悲しみは空の彼方に』(59) *Imitation of Life* 94
カナット，ヤキマ Canutt, Yakima 129
ガーネット，テイ Garnett, Tay 44
ガーフィールド，ジョン Garfield, John 22, 65, 67, 75, 86
『仮面の裏の素顔』(41) *The Face behind the Mask* 113
『仮面の米国』(32) *I am a Fugitive from a Chain Gang* 30
『カリフォルニア・ドールズ』(81) *The California Dolls* 159–160, 163–164, 205, 212
『ガリレオの生涯』(74) *Galileo* 46, 62
『ガリレオ・ガリレイの生涯』*Galileo* (theater) 36, 46
ガルボ・グレタ Garbo, Greta 140
カーロフ，ボリス Karloff, Boris 110–111, 137, 140
カーン，ゴードン Kahn, Gordon 59
ガンス，アベル Gance, Abel 214
『カンバセーション…盗聴…』(74) *The Conversation* 216
『ガン・ファイター』(61) *The Last Sunset* 86

キ

『奇蹟』(48) *Il Miracolo* 53, 182
『キッスで殺せ！』(55) *Kiss Me Deadly* 86, 163
キートン，バスター Keaton, Buster 9
『キートンの爆弾成金』(35) *Le Roi des Champs-Elysées* 143
キャグニー，ジェームズ Cagney, James 31
『キャット・ピープル』(42) *Cat People* 146, 189
『キャット・ピープル』(81) *Cat People* 189
『彼奴は顔役だ』(39) *The Roaring Twenties* 25
キャプラ，フランク Capra, Frank 9, 39, 44, 46, 50, 129
キャメロン，ジェームズ Cameron, James 229
キャラダイン，ジョン Carradine, John 126, 148
『キャリー』(76) *Carrie* 189
キューカー，ジョージ Cukor, George 9, 25

キューブリック，スタンリー Kubrick, Stanley 90, 154, 195–196, 200–203
『恐怖のまわり道』(46) *Detour* 138
『恐怖の岬』(62) *Cape Fear* 185
『恐怖への旅』(43) *Journey into Fear* 149
『巨象の道』(54) *Elephant Walk* 92
『ギルダ』(46) *Gilda* 44
キング，ヘンリー King, Henry 76–77, 92
『キング・オブ・キングス』(61) *King of Kings* 185
『キング・コング』(33) *King Kong* 122
キング・ブラザーズ King Brothers 91, 132, 144
『禁じられた森』(58) *Wind Across The Everglades* 86

ク

『クオ・ヴァディス』(52) *Quo Vadis* 76
クック・ジュニア，エライシャ Cook Jr., Elisha 144
グッドマン，ベニー Goodman, Benny 36
クーパー，ゲーリー Cooper, Gary 57
クーパー，メリアン・C Cooper, Merian C. 46
『クライング・ゲーム』(92) *The Crying Game* 231
クラブ，バスター Crabbe, Buster 126
『クラブ・ハバナ』(45) *Havana Club* 138, 140
『グランド・ホテル』(32) *Grand Hotel* 137–138, 140
グリフィス，デイヴィッド・ウォーク Griffith, David Wark 9, 135, 176, 178
クリム，アーサー・B Krim, Arthur B. 71
グールディング，エドモンド Goulding, Edmund 137
クルーパ，ジーン Krupa, Gene 36
クレイマー，スタンリー Kramer, Stanley 65, 77
『クレオパトラ』(63) *Cleopatra* 97, 153, 165, 202
グレコ，ジュリエット Gréco, Juliette 206
クレチアン，アンリ Chrétien, Henri 71
グレノン，バート Glennon, Bert 37
クレール，ルネ Clair, René 35
『黒い牡牛』(56) *The Brave One* 74
『黒い罠』(58) *Touch of Evil* 88
黒澤明 206, 214
クロスビー，ビング Crosby, Bing 89
『黒猫』(34) *The Black Cat* 137–138
クローネンバーグ，デヴィッド Cronenberg, David 155
クロフォード，ジョーン Crawford, Joan 140
『群集の中の一つの顔』(57) *A Face in the Crowd* 88

ケ

『軽蔑』(63) *Le Mépris* 163

『激怒』(36) *Fury* 32
ケネディ，アーサー Kennedy, Arthur 22
ケネディ，バート Kennedy, Burt 152
ゲフェラー，ヴァルター Gffeler, Walther 114
『ケープ・フィアー』(91) *Cape Fear* 185
ケリー，ジーン Kelly, Gene 63, 80, 214
ケリー，ハリー Carey, Harry 126
ケーン，ジョゼフ Kane, Joseph 129
『拳銃王』(50) *The Gunfighter* 76
『拳銃魔』(49) *Gun Crazy* 91, 131–132
『拳銃を売る男』(52) *Stranger on the Prowl* 76
『拳銃を握って』(45) *A Gun in his Hand* 42
『現金（げんなま）に体を張れ』(56) *The Killing* 90, 154, 195–196

コ

『攻撃』(56) *Attack!* 86, 164
『荒野の決闘』*My Darling Clementine* 44
コーエン兄弟 Coen Brothers 155, 203, 232
『ココナッツ』(29) *The Coconuts* 109
『地上（ここ）より永遠（とわ）に』(53) *From Here to Eternity* 72
『子鹿物語』(46) *The Yearling* 47, 128
『ゴシック』(87) *Gothic* 108
ゴダール，ジャン＝リュック Godard, Jean-Luc 50, 99, 136–137, 140–141, 150, 156, 163, 214
『ゴダールの探偵』(85) *Détective* 137–138, 140
『ゴダールのマリア』(83) *Je vous salue, Marie* 53, 155
『ゴダールのリア王』(87) *King Lear* 155
コックス，アレックス Cox, Alex 163, 194
『ゴッドファーザー』(72) *The Godfather* 213, 217
『ゴッドファーザー PART II』(74) *The Godfather PART II* 217
『コットンクラブ』(84) *The Cotton Club* 211, 216, 218
コッホ，ハワード Koch, Howard 37–38, 59
コッポラ，フランシス・フォード Coppola, Francis Ford 108, 154, 178, 192, 197, 206, 211, 213–214, 216–220
『孤独な場所で』(50) *In a Lonely Place* 66
コバックス，ラズロ Kovacs, Laszlo 212
コーマン，ロジャー Corman, Roger 116, 192, 224
コール，レスター Cole, Lester 58, 63
コルダ，アレクサンダー Korda, Alexander 64
ゴールドウィン，サミュエル Goldwyn, Samuel 197, 213
『殺し屋ネルソン』(57) *Baby Face*

Nelson 92
コーン，ジャック Cohn, Jack 171
コーン，ハリー Cohn, Harry 125, 171
『コンクリート・ジャングル』(60) *The Concrete Jungle* 86
コンチャロフスキー，アンドレイ Konchalovskii, Andrei 220

サ

『最後の誘惑』(88) *The Last Temptation of Christ* 184–185
『最前線物語』(80) *The Big Red One* 40
サヴェジ，アン Savege, Ann 138
『サウンド・オブ・ミュージック』(65) *The Sound of Music* 165
『砂丘』(70) *Zabriskie Point* 167
サーク，ダグラス Sirk, Douglas 35, 54, 65, 81, 84, 94, 99, 148
『殺人魚フライングキラー』(82) *Piranha II: The Spawning* 229
『殺人者』(46) *The Killers* 44
『殺人者はライフルを持っていた』(68) *Targets* 140
ザナック，ダリル・F Zanuck, Darryl F. 29, 34, 39, 71, 85, 91, 125, 165, 170–171, 194, 206
『砂漠の流れ者』(『ケイブル・ホーグのバラード』) (70) *The Ballad of Cable Hogue* 191
『ザ・プレイヤー』(92) *The Player* 231–232
『ザ・ラスティ・メン』(52) *The Lasty Men* 84
サラフィアン，リチャード・C Sarafian, Richard C. 191
サルト，ウォルド Salt, Waldo 59
『サンセット大通り』(50) *Sunset Boulevard* 66
サントリー，ジョゼフ Santley, Joseph 109
『三人の妻への手紙』(49) *A Letter to Three Wives* 50
『三文オペラ』*Die Dreigroschenoper* (theater) 46

シ

ジェイムス，ハリー James, Harry 36
『ジェット・パイロット』(57) *Jet Pilot* 72
『シェーン』(53) *Shane* 77
ジオドマーク，カート Siodmak, Curt 107, 146
ジオドマーク，ロバート Siodmak, Robert 35, 44, 137, 143
『シグナル7』(83) *Signal 7* 100–101
『死刑執行人もまた死す』(43) *Hangmen Also Die* 35
シーゲル，ドン Siegel, Don 26, 37, 92, 130, 153, 157, 188, 204–206, 218
『地獄の黙示録』(79) *Apocalypse Now* 213, 216–217
『地獄への挑戦』(49) *I Shot Jesse James* 65, 67
『シザーハンズ』(90) *Edward Scissorhands* 155
『静かなる男』(52) *The Quiet Man* 72, 150
『市民ケーン』(41) *Citizen Kane* 26, 39, 198–199, 201

『シャイニング』(80) *The Shining* 196
『ジャズ・シンガー』(27) *The Jazz Singer* 121
ジャッケル，リチャード Jaeckel, Richard 163–164
ジャームッシュ，ジム Jarmusch, Jim 194, 203, 211, 222, 224, 232
シャリー，ドーリ Shary, Dore 37, 40, 46–48, 50, 52, 58, 61, 63, 71, 78, 85, 162
『上海から来た女』(47) *The Lady from Shanghai* 46, 201
『上海特急』(32) *Shanghai Express* 92
『銃撃』(65) *The Shooting* 192
『十字砲火』(47) *Crossfire* 48, 59
『十二人の怒れる男』(57) *12 Angry Men* 82
『宿命』(44) *Destiny* 142–143
シュミット，ダニエル Schmid, Daniel 99
シュレイダー，ポール Schrader, Paul 189
『将軍暁に死す』(36) *The General Died at Dawn* 24
『少年の町』(38) *Boys Town* 47
『条理ある疑いの彼方に』(56) *Beyond a Reasonable Doubt* 94
『女群西部へ！』(51) *Westward the Women* 50
『ジョーズ』(75) *Jaws* 228, 230
ジョーダン，ニール Jordan, Neil 155, 231
『ショックプルーフ』(49) *Shockproof* 65
『ジョルスン物語』(47) *The Jolson Story* 73, 91
ジョンストン，エリック Johnston, Eric 43, 63
『死霊のはらわた』(83) *The Evil Dead* 232
シルバー，ジョエル Silver, Joel 232–233
ジーン，グロリア Jean, Gloria 142
『ジンクス！ あいつのツキをぶっとばせ！』(82) *Jinxed!* 218
『シンコペーション』(42) *Syncopation* 35
『信じがたいサラ』(76) *The Incredible Sarah* 175, 184
『紳士協定』(47) *Gentleman's Agreement* 48
『真実の瞬間（とき）』(91) *Guilty by Suspicion* 101
『人生の幻影』(83) *Mirage de la Vie* 99
『新ドイツ零年』(91) *Allemagne Neuf Zéro: Solitudes, un était et des variations* 156
ジンネマン，フレッド Zinneman, Fred 12, 42, 68, 72, 78, 167
『シンプルメン』(92) *Simple Men* 155
『深夜の告白』(44) *Double Indemnity* 44

ス

スィグモンド，ヴィルモス Zsigmond, Vilmos 212
『スカーレット・ストリート』(45) *Scarlet Street* 44
スケンク，ジョセフ・M Schenck, Joseph M. 34

スケンク，ニコラス Schenck, Nicholas 172
スコセッシ，マーチン Scorsese, Martin 169, 184–185, 203–204
スコット，エイドリアン Scott, Adrian 41, 58–59
スコット，ランドルフ Scott, Randolph 81, 134, 152
スコリモフスキー，イェジー Skolimowski, Jerzy 220
『スター・ウォーズ』(77) *Star Wars* 169, 228, 230
スタージェス，ジョン Sturges, John 36, 77
スタージェス，プレストン Sturges, Preston 40
スタニスラフスキー，コンスタンチン Stanislavski, Konstantin 18–19, 21, 23
スターリン，ヨシフ Stalin, Iosif 18, 37, 84
スタントン，ハリー・ディーン Stanton, Harry Dean 222
スチュアート，ジェームズ Stewart, James 81
スティーヴンス，ジョージ Stevens, George 46, 70, 77
スティーヴンス，リース Stevens, Leith 36
ストラウス，ヘレン・M Strauss, Helen M. 174–175
ストラスバーグ，リー Strasberg, Lee 23, 81
『ストレンジャー・ザン・パラダイス』(84) *Stranger than Paradise* 222
『ストロンボリ 神の大地』(50) *Stromboli, terra di Dio* 75
『素晴らしき哉，人生！』(46) *It's A Wonderful Life* 44
『スパルタカス』(60) *Spartacus* 154
スピーゲル，サム Spiegel, Sam 175
スピルバーグ，スティーヴン Spielberg, Steven 154, 185–186, 192, 206, 213, 219–220, 228
『スラムダンス』(87) *Slam Dance* 222, 224

セ

『聖衣』(53) *The Robe* 85
『西部の王者』(44) *Buffalo Bill* 143
セイルズ，ジョン Sayles, John 194
セイント，エヴァ・マリー Saint, Eva Marie 81
セルズィニック，デヴィッド・O Selznick, David O. 29, 40, 46, 63, 65
『戦艦バウンティ号の叛乱』(35) *Mutiny on the Bounty* 166
『戦争と平和』(56) *War and Peace* 96
『セント・オブ・ウーマン／夢の香り』(92) *Scent of Woman* 230
『旋風の中に馬を進めろ』(66) *Ride the Whirlwind* 192

ソ

『壮烈第七騎兵隊』(42) *They Died with Their Boots on* 143
『続・激突！ カージャック』(73) *The Sugarland Express* 186
『底抜けてんやわんや』(60) *The*

Bellboy　90
『ソドムとゴモラ』(62) *Sodoma e Gomorra*　88
『その男を逃すな』(51) *He Run All the Way*　67
『ゾラの生涯』(37) *The Life of Emile Zola*　34
『ソロモンとシバの女王』(59) *Solomon and Sheba*　96

タ

『大アマゾンの半魚人』(54) *Creature from the Black Lagoon*　151
『大砂塵』(54) *Johnny Guitar*　78, 102
『第三の男』(49) *The Third Man*　65
『第十一号監房の暴動』(54) *Riot in Cell Block 11*　153
ダイス, マーティン Dice, Martin　52
『ダイ・ハード』(88) *Die Hard*　232
タイラー, トム Tyler, Tom　126
『ダウン・バイ・ロー』(86) *Down by Law*　194
『誰が為に鐘は鳴る』(43) *For Whom the Bell Tolls*　38
ダグラス, カーク Douglas, Kirk　71, 80
ダグラス, ゴードン Douglas, Gordon　53
タシュリン, フランク Tashlin, Frank　90
『タッカー』(88) *Tucker: The Man and his Dream*　218–219
ダッシン, ジュールス Dassin, Jules　22, 39, 42, 82
ターナー, ジャック Tourneur, Jacques　146, 189
ダニエルズ, ウィリアム Daniels, William　82
『旅路』(58) *Separate Tables*　88
『ターミネーター2』(91) *Terminator 2: Judgement Day*　229
タランティーノ, クエンティン Talantino, Quentin　232
タルバーグ, アーヴィング・G Thalberg, Irving G.　29, 115, 172
ダン, フィリップ Dunne, Philip　60
『ダンス・ウィズ・ウルブズ』(90) *Dances with Wolves*　230

チ

『地上最大のショウ』(52) *The Greatest Show on Earth*　72
チミノ, マイケル Cimino, Michael　176, 178, 192, 204
チャーチル, ウィンストン Churchill, Winston　37, 53
チャップリン, チャールズ Chaplin, Charles　9, 40, 63, 75, 114, 160, 176
『チャップリンの殺人狂時代』(47) *Monsieur Verdoux*　53, 110
チャニー・ジュニア, ロン Chaney Jr., Lon　148
チャリシー, シド Charisse, Cyd　37, 81
チャンドラー, レイモンド Chandler, Raymond　31
『チャンピオン』(49) *Champion*　65

ツ

『月蒼くして』(53) *The Moon Is Blue* 82, 183

テ

ティアニー，ローレンス Tierney, Lawrence 144
ディヴィス，デルマー Daves, Delmer 77
『THX—1138』(71) 217
ディズニー，ウォルト Disney, Walt 57
ディターレ，ウイリアム Dieterle, William 34-36, 76, 92
テイラー，ロバート Taylor, Robert 57
ディーン，ジェームズ Dean, James 23, 81, 89
デーヴィス，マーヴィン Davis, Marvin 165
『テキサスの決闘』(58) *Terror in a Town* 91
『テキサスの四人』(63) *4 For Texas* 164
『デッドゾーン』(83) *The Dead Zone* 155
『鉄のカーテン』(48) *The Iron Curtain* 53, 67
デニング，リチャード Denning, Richard 126
デ・ハヴィランド，オリヴィア De Havilland, Olivia 34
デ・パルマ，ブライアン De Parma, Brian 189
デミル，セシル・B DeMille, Cecil B. 9, 68, 70, 72, 97
デュヴィヴィエ，ジュリアン Duvivier, Julien 142
テーラー，エリザベス Taylor, Elisabeth 128
『デリンジャー』(73) *Dillinger* 146
『天国の門』(80) *Heaven's Gate* 176, 178, 192
テンプル，シャーリー Temple, Shirley 138

ト

『遠い喇叭』(64) *A Distant Trumpet* 92
『独身者のパーティ』(56) *The Bachelor Party* 88
『ドクター・ブロードウェイ』(42) *Dr. Broadway* 40
『特攻大作戦』(67) *The Dirty Dozen* 164, 174
ドーネン，スタンリー Donen, Stanley 63
トーマス，J・パーネル Thomas, J. Parnell 52, 54, 56, 64
トーマス，ジェレミー Thomas, Jeremy 221
ドミトリク，エドワード Dmytryk, Edward 48, 50, 58-59, 73-74
『ドラキュラ』(92) *Dracula* 108, 154, 219
トーランド，グレッグ Toland, Gregg 197-199
トランボ，ダルトン Trumbo, Dalton 27, 41, 58, 67, 74, 92, 101
トリュフォー，フランソワ Truffaut, François 141
トルーマン，ハリー・S Truman Harry S. 43, 47, 52, 62, 67

トロツキー Trotskii Leon 37
ドワン，アラン Dwan, Allan 135
トーン，フランチョット Tone, Franchot 22

ナ

ナイシュ，J・キャロル Naish, J. Carrol 126
『ナイト・オン・ザ・プラネット』(92) *Night on Earth* 224
『ナチスのスパイ』(42) *Nazi Agent* 39
『何がジェーンに起ったか？』(62) *What Ever Happened to Baby Jane?* 206
『ナポレオン』(27) Napoléon 214
『南米珍道中』(47) *Road to Rio* 89

ニ

『にがい勝利』(57) *Amère Victoire* 86
ニクソン，リチャード Nixon, Richard 56, 58, 72–73
『肉体と幻想』(43) *Flesh and Fantasy* 142
ニコルソン，ジャック Nicholson, Jack 192
『2001年宇宙の旅』(68) *2001: A Space Odyssey* 201
『日曜日の人々』(28) *Menschen am Sonntag* 137
『ニックス・ムービー／水上の稲妻』(80) *Lightning over Water/Nick's Movie* 99, 212
ニーム，ロナルド Neame, Ronald 202
ニブロ，フレッド Niblo, Fred 57
ニューマン，ポール Newman, Paul 80
ニール，トム Neal, Tom 138
ニール，ロイ・ウィリアム Neil, Roy William 143, 148
ニルソン，ロブ Nilson, Rob 100–101
『楡の木蔭の欲望』(58) *Desire Under the Elms* 88

ノ

『ノーザン・ライツ』(79) *Northern Lights* 100
ノセック，マックス Nosseck, Max 107, 143–144, 146
ノーラン，ロイド Nolan, Lloyd 126

ハ

『ハイ・シエラ』(41) *High Sierra* 128, 134
ハイスラー，ステュアート Heisler, Stuart 128
バイロック，ジョセフ Biroc, Joseph 163
パウエル，マイケル Powell, Michael 214
ハウズマン，ジョン Houseman, John 22, 26, 39, 46, 48
『博士の異常な愛情』(64) *Dr. Strangelove or: How I Learned to Stop Worrying and Love the Bomb* 201
パーキンス，ミリー Perkins, Millie 222
パークス，ラリー Parks, Larry 59, 73–74

バーグマン，イングリッド Bergman, Ingrid 38, 64, 75, 142
パクラ，アラン・J Pakula, Alan J. 192
バークレー，バズビー Berkeley, Busby 28, 197–198
バコール，ローレン Bacall, Lauren 59
『ハスラー2』(86) *The Color of Money* 184
『裸の町』(48) *The Naked City* 82
『裸の拍車』(53) *The Naked Spur* 77
バック，スティーヴン Bach, Steven 178
パットナム，デヴィッド Puttnum, David 220
ハドソン，ロック Hudson, Rock 81
『波止場』(54) *On the Waterfront* 81, 211
『ハートブレイク・リッジ／勝利の戦場』(86) *Heartbreak Ridge* 203
バトラー，ヒューゴー Butler, Hugo 27
ハートリー，ハル Hartley, Hal 155
パトリック，ゲイル Patrick, Gail 126
バートン，ティム Burton, Tim 154, 229
『バートン・フィンク』(91) *Barton Fink* 155
バーマン，パンドロ・S Berman, Pandro S. 198
『ハムレット』(48) *Hamlet* 64
ハメット，ダシール Hammett, Dashiell 31
『ハメット』(82) *Hammett* 163, 216
パランス，ジャック Palance, Jack 163
『ハリケーン』(37) *The Hurricane* 128
『パリ，テキサス』(84) *Paris, Texas* 216
パリッシュ，ロバート Parrish, Robert 68
『巴里のアメリカ人』(51) *An American in Paris* 71, 160
バリモア，ジョン Barrymore, John 140
ハルス，トム Hulce, Tom 222–223
『ハワーズ・エンド』(92) *Howards End* 231
『犯罪王ディリンジャー』(45) *Dillinger* 143–144, 146
『犯罪王リコ』(31) *Little Caeser* 30
バーンスタイン，レナード Bernstein, Leonard 82
『バンド・ワゴン』(53) *The Band Wagon* 80–81, 160
ハンバーストーン，ブルース Humberstone, Bruce 134

ヒ

ビアリー，ウォーレス Beery, Wallace 140
『非情の時』(56) *Time without Pity* 85
『非情の罠』(55) *Killer's Kiss* 154, 195–196, 201
ピスカトール，エルウィン Piscator, Erwin 18, 23

ピックフォード，メアリー Pickford, Mary 176
『ビッグ・リーガー』(53) *The Big Leaguer* 50, 160, 163
ピッチェル，アーヴィング Pichel, Irving 59
ヒッチコック，アルフレッド Hitchcock, Alfred 9, 12, 44, 99, 160, 189, 192, 200
ヒットラー，アドルフ Hitler, Adolf 35–36
『ヒットラーの狂人』(42) *Hitler's Madman* 148
『ヒート・アンド・サンライト』(87) *Heat and Sunlight* 101
『ビートルジュース』(88) *Beetlejuice* 229
ビバーマン，ハーバート・J Biberman, Herbert J. 58, 75
『秘密調査員』(49) *Undercover Man* 92, 94
『秘密の儀式』(68) *Secret Ceremony* 208
『秘められた過去』(55) *Mr. Arkadin* 88
ヒューズ，ハワード Hughes, Howard 50, 72
ヒューストン，ウォルター Huston, Walter 37
ヒューストン，ジョン Huston, John 22, 25, 27, 38–39, 48, 60, 68, 78, 218
ヒル，ウォルター Hill, Walter 194
『昼下りの情事』(57) *Love in the Afternoon* 144
『拾った女』(53) *Pick up on South Street* 54

フ

ファイト，コンラッド Veidt, Conrad 39
フィッツジェラルド，スコット Fitzgerald, Scott 31
フイヤード，ルイ Feuillard, Louis 114
『フィラデルフィア物語』(40) *The Philadelphia Story* 166
フェアバンクス，ダグラス Fairbanks, Douglas 109, 176
フェデール，ジャック Feyder, Jacques 56
フェリーニ，フェデリコ Fellini, Federico 182
フォアマン，ミロス Forman, Milos 220
フォスター，ノーマン Foster, Norman 149
フォックス，ウイリアム Fox, William 71
フォード，ジョン Ford, John 9, 12, 14, 39, 44, 46, 61, 70, 72, 115, 128, 132, 143, 150, 153, 162, 169, 171, 192, 199, 217
フォード，フランシス Ford, Frances 115
フォン・シュトロハイム，エリッヒ von Stroheim, Erich 9, 14, 197
フォン・スタンバーグ，ジョゼフ von Sternberg, Josef 32, 92
『復讐は俺に任せろ』(53) *The Big Heat* 94
『フットライト・パレード』(33) *Footlights Parade* 28
ブニュエル，ルイス Buñuel, Luis

38
フーパー，トビー Hooper, Tobe 232
フラー，サミュエル Fuller, Samuel 26, 40, 54, 65, 67, 99, 101
フライシャー，リチャード・O Fleischer, Richard O. 26-27, 151, 157, 160, 174-175, 205-206
『フライド・グリーン・トマト』(91) *Fried Green Tomatoes* 232
『無頼の群』(58) *The Bravados* 77
ブラウニング，トッド Browning, Tod 111
ブラウン，クラレンス Brown, Clarence 47
ブラウン，ハリー・ジョー Brown, Harry Joe 152
ブラケット，チャールス Brackett, Charles 34
フラナガン，ハリー Flanagan, Hallie 62
『ブラボー砦の脱出』(53) *Escape from Fort Bravo* 77
『フランケンシュタイン』(31) *Frankenstein* 108-111, 113-114, 116, 121-122, 124
『フランケンシュタインと狼男』(43) *Frankenstein Meets the Wolf Man* 142, 148
ブランド，マーロン Brando, Marlon 23, 80-81, 85, 89
ブランバーグ，ネイサン・J Blumberg, Nathan J. 124
ブリスキン，アーヴィング Briskin, Irving 125
『フリスコ・キッド』(79) *The Frisco Kid* 205
ブリッジス，ジェフ Bridges, Jeff 218
フリード，アーサー Freed, Arthur 42, 46, 64, 80
フリードキン，ウイリアム Friedkin, William 202
ブルックス，リチャード Brooks, Richard 80, 174
『ブルックリン横丁』(45) *A Tree Grows in Brooklyn* 40-41, 46
『ブルーベルベット』(86) *Blue Velvet* 155
『フルメタル・ジャケット』(87) *Full Metal Jacket* 195-196, 201, 203
ブレザートン，ハワード Bretherton, Howard 130
ブレスト，マーチン Brest, Martin 230
プレストン，ロバート Preston, Robert 126
ブレヒト，ベルトルト Brecht, Bertolt 18, 24, 35-36, 40, 46, 54, 58-59, 61-62
プレミンジャー，オットー Preminger, Otto 34, 44, 82, 183
フロイント，カール Freund, Karl 111-112
フローレー，ロバート（ロベール） Florey, Robert 107, 109-114, 116, 120-121, 124, 126, 138, 146, 151
ブロンストン，サミュエル Bronston, Samuel 96, 185

へ

ベイカー，キャロル Baker, Carroll

81
ヘイズ，ウィル・H　Hays, Will H. 30, 43, 82
ヘイドン，スターリング　Hayden, Sterling　74, 91
『北京超特急』（51） *Peking Express* 92
『北京の55日』（63） *55 Days at Peking*　97, 205
ペキンパー，サム Peckinpah, Sam 191–192, 194, 196
ヘストン，チャールトン Heston, Charlton　88
ベッシー，アルヴァー Bessie, Alvah 58
ヘップバーン，オードリー Hepburn, Audrey　81
『別離』（39） *Intermezzo*　142
ベティカー，バッド Boetticher, Budd　81, 152–153
ベネット，ジョーン Bennett, Joan 153
ヘフナー，ヒュー Hefner, Hugh 222
ベリー，ジョン Berry, John　67
ベルトルッチ，ベルナルド Bertolucci, Bernard　221
ヘルマン，モンテ Hellman, Monte 192
『ベルリン特急』（48） *Berlin Express* 146
ペン，アーサー Penn, Arthur　189, 201
ベンジャミン，ロバート Benjamin, Robert　71
ベントン，ロバート Benton, Robert 191

ホ

ポー，エドガー・アラン Poe, Edgar Allan　116
『暴力団』（55） *The Big Combo*　92, 131
ホエール，ジェームズ Whale, James 108, 110–111, 114
ボガート，ハンフリー Bogart, Humphrey　59, 66, 134
ホークス，ハワード Hawks, Howard 9, 12, 14, 30, 38, 44, 78, 99, 107, 132, 160, 162, 191, 199–200, 217
ボグダノヴィッチ，ピーター Bogdanovich, Peter　140, 203
『僕の愛犬』（40） *The Biscuit Eater* 128
ボジャーズ，ベネディクト Bogeaus, Benedict　135
『ポセイドン・アドベンチャー』（72） *The Poseidon Adventure*　202
『ボディ・アンド・ソウル』（47） *Body and Soul*　66
『ボディ・スナッチャー　恐怖の街』（56） *Invasion of the Body Snatchers*　153
ホープ，ボブ Hope, Bob　89
『ボブとキャロルとテッドとアリス』（69） *Bob & Carol & Ted & Alice*　188
ポラック，シドニー Pollack, Sydney 191
ホールデン，ウィリアム Holden, William　80, 85
ポロンスキー，エイブラハム Polonsky, Abraham　66, 75, 160

マ

マイルストン，リュイス Milestone, Lewis 24, 59
『マクベス』(48) *Macbeth* 88, 149
マザースキー，ポール Mazursky, Paul 188
マーシャル，ハーバート Marshal, Herbert 18
『魔人ドラキュラ』(31) *Dracula* 111
『マスク』(85) *Mask* 140
マーチン，ディーン Martin, Dean 89–90
マッカーシー，ジョゼフ・R McCarthy, Joseph R. 54, 67, 72, 84
マッケリー，レオ McCarey, Leo 57
『マーティ』(55) *Marty* 88
マドセン，ヴァージニア Madsen, Virginia 222
『真夏の夜の夢』(35) *A Midsummer Night's Dream* 33
マニャーニ，アンナ Magnani, Anna 182
『真昼の決闘』(52) *High Noon* 77
『真昼の暴動』(46) *Brute Force* 82
マムーリアン，ルーベン Mamoulian, Rouben 9, 25
マル，ルイ Malle, Louis 220
マルクス兄弟（グルーチョ）Marx Brothers (Groucho) 109
『マルタの鷹』(41) *The Maltese Falcon* 25–26
マルツ，アルバート Maltz, Albert 58
マローン，ドロシー Malone, Dorothy 94
マン，アンソニー Mann, Anthony 22, 26, 40, 77, 81, 97, 151
マン，デルバート Mann, Delbert 88
マンキーウィッツ，ジョゼフ・L Mankiewicz, Joseph L. 12, 26, 50, 66, 68, 70, 97, 165
マンジュー，アドルフ Menjou, Adolph 57
マンスフィールド，ジェーン Mansfield, Jayne 90
マンデル，ロバート Mandel, Robert 194
『マン・ハント』(41) *Man Hunt* 39

ミ

『三つ数えろ』(46) *The Big Sleep* 44
『ミツバチのささやき』(73) *El Espíritu de la Colmena* 107
ミドラー，ベット Midler, Bette 218
『緑色の髪の少年』(48) *Boy with Green Hair* 47, 50, 59, 150
『ミネソタ大強盗団』(72) *The Great Northfield Minnesota Raid* 191
ミネリ，ヴィンセント Minnelli, Vincent 42, 71
ミラー，アーサー Miller, Arthur 91
ミリアス，ジョン Milius, John 146
『民衆の敵』(31) *The Public Enemy* 30
『ミーン・ストリート』(73) *Mean Streets* 184

ム

ムニ，ポール Muni, Paul 31
『無法の王者ジェシイ・ジェイムス』(57) *The True Story of Jesse James* 86
ムルナウ，F・W Murnau, F. W. 111

メ

メイエルホリド，フセヴォロド Meierkhol'd, Vsevolod 18, 23
『メイド・イン・USA』(66) *Made in U.S.A* 99
『メイトワン1920』(87) *Matewan* 194
メイヤー，ルイス・B Mayer, Louis B. 32, 42, 50, 57, 71, 78, 162, 172, 174

モ

モーガン，デニス Morgan, Dennis 126
モクリ，アミール Mokri, Amir 224
『モスクワへの密使』(43) *Mission to Moscow* 37
『モナリザ』(86) *Mona Lisa* 231
『モルグ街の殺人』(32) *Murders in the Rue Morgue* 111, 116
モンロー，マリリン Monroe, Marilyn 90

ユ

『勇者の赤いバッジ』(51) *The Red Badge of Courage* 78
『友情ある説得』(56) *The Friendly Persuasion* 144
『夕なぎ』(68) *Boom* 208
『夕陽に向って走れ』(69) *Tell Them Willie Boy is Here* 75
『夕陽の群盗』(72) *Bad Company* 191
『郵便配達は二度ベルを鳴らす』(46) *The Postman Always Rings Twice* 44
『許されざる者』(92) *Unforgiven* 203, 231

ヨ

『ヨーク軍曹』(41) *Sergeant York* 38
ヨーダン，フィリップ Yordan, Philip 36, 77–78
『欲望という名の電車』(51) *A Streetcar Named Desire* 81
『欲望の果て』(44) *Murder My Sweet* 48
『夜の人々』(48) *They Live by Night* 50, 99, 150

ラ

ライト，フランク・ロイド Wright, Frank Lloyd 20
ライミ，サム Raimi, Sam 232
『ライムライト』(52) *Limelight* 75, 160
ラインハルト，マックス Reinhardt, Max 32, 34
『ラストエンペラー』(87) *The Last Emperor* 221
ラッセル，ケン Russel, Ken 108
ラードナー・ジュニア，リング Lardner Jr., Ring 58
ラフト，ジョージ Raft George 134

ラムーア，ドロシー Lamour, Dorothy 89
ラモント，チャールス Lamont, Charles 134
ランカスター，バート Lancaster, Burt 71, 80
ラング，ウォルター Lang, Walter 22
ラング，フリッツ Lang, Fritz 32, 35-36, 39, 44, 56, 92, 94, 111, 138, 144, 197, 200
ランデ，マックス Linder, Max 114
『ランブルフィッシュ』(83) *Rumble Fish* 216

リ

リー，スパイク Lee, Spike 203
『リオ・ブラボー』(59) *Rio Bravo* 78
『リオ・ロボ』(70) *Rio Lobo* 191, 217
リーガン，ロナルド Reagan, Ronald 57-58, 73, 135
『リーサル・ウェポン』(87) *Lethal Weapon* 232
リチャーズ，ディック Richards, Dick 205
リット，マーチン Ritt, Martin 22
リード，キャロル Reed, Carol 64
リトヴァク，アナトール Litvak, Anatole 47
リュイス，ジョゼフ・H Lewis, Joseph H. 91-92, 94, 99, 131-132, 137, 151
リュートン，ヴァル Lewton, Val 146, 151
『理由なき反抗』(55) *Rebel without a Cause* 86
『旅愁』(50) *September Affair* 76
リンチ，デヴィッド Lynch, David 155

ル

ルイス，ジェリー Lewis, Jerry 89-90
ルーカス，ジョージ Lucas, George 165, 169, 185-186, 192, 206, 213, 217-218, 220, 228
ルゴシ，ベラ Lugosi, Bela 110-111, 137
ルーズヴェルト，フランクリン・D Roosevelt, Franklin D. 17, 24, 28, 37, 43, 172
ルーニー，ミッキー Rooney, Mickey 128
ルノワール，ジャン Renoir, Jean 35, 40, 56, 160
ルビッチ，エルンスト Lubitch, Ernst 9, 32, 34-35, 129, 160
ルボーグ，レジナルド Le Borg, Reginald 142-143
ルメット，シドニー Lumet, Sidney 82
ルロイ，マーヴィン LeRoy, Mervyn 30

レ

レイ，ニコラス Ray, Nicholas 21, 23-24, 40, 46, 48, 50, 66, 68, 78, 81, 84-86, 97-100, 150-151, 185, 205, 211-212
レオーネ，セルジオ Leone, Sergio 192, 204
レダ，ジェイ Leyda, Jay 18, 38

『レポマン』(84) *Repo Man*　163
レムレ，カール Laemmle, Carl　110, 114-115, 124

ロ

ロー，エドモンド Lowe, Edmund　144
ロージー，ジョゼフ Losey, Joseph　21-22, 25, 27, 36, 38, 41-42, 46-48, 50, 53, 59-62, 68, 70, 75-77, 85-86, 88, 96, 100, 102, 150-151, 160, 205-206, 208-209, 218
ローソン，ジョン・ハワード Lawson, John Howard　25, 58
ロジャース，ジンジャー Rogers, Ginger　198
ロジャース，ロイ Rogers, Roy　129
ロッセリーニ，ロベルト Rossellini, Roberto　64, 182
ロッセン，ロバート Rossen, Robert　25, 48, 59, 66, 74, 92, 97, 160, 218
ロートン，チャールズ Laughton, Charles　46
ロビンソン，エドワード・G Robinson, Edward G.　31, 74, 162
ロブスン，マーク Robson, Mark　65
『ローマ帝国の滅亡』(64) *The Fall of the Roman Empire*　97
『ローラ殺人事件』(44) *Laura*　34, 44
ローレ，ピーター Lorre, Peter　113, 126

ワ

ワイズ，ロバート Wise, Robert　66
ワイズミュラー，ジョニー Weissmuller, Johnny　132
ワイラー，ウイリアム Wyler, William　9, 44, 46, 59, 72, 144
ワイル，クルト Weill, Kurt　35
ワイルダー，ソーントン Wilder, Thornton　20
ワイルダー，ビリー Wilder, Billy　12, 26, 34, 44, 66, 72, 80, 144
『ワイルドバンチ』(69) *The Wild Bunch*　191, 196
ワグナー，ジョージ Waggner, George　148
『罠』(49) *The Set-Up*　66
ワーナー，ジャック・L Warner, Jack L.　28, 38, 54, 57-58, 65, 134, 170-172
ワーナー，ハリー Warner, Harry　171
『我等の生涯の最良の年』(46) *The Best Years of Our Lives*　44
『ワン・フロム・ザ・ハート』(82) *One from the Heart*　214, 216, 219
ワン，ウェイン Wang, Wayne　222

初出覚書

第一章　『リュミエール』第三号　一九八六年三月
第二章　『リュミエール』第九号　一九八七年九月
第三章　『リュミエール』第十三号　一九八八年九月
＊収録にあたって「序章」「終章」が書き下され、第一～三章も大幅な加筆修正がなされた。

本書は、一九九三年九月二十日に筑摩書房より
リュミエール叢書として刊行された。

ゴダール革命〔増補決定版〕　蓮實重彦

「失敗の成功」を反復する映画作家が置かれ続けた孤独。それは何を意味するのか。ゴダールへのインタヴューなどを再録増補した決定版。（堀潤之）

美術で読み解く　新約聖書の真実　秦剛平

西洋名画からキリスト教を読む楽しい3冊シリーズ。新約聖書篇は、受胎告知や最後の晩餐などのエピソードが満載。カラー口絵付オリジナル。

美術で読み解く 聖母マリアとキリスト教伝説　秦剛平

キリスト教美術の多くは捏造された物語に基づいていた！　マリア信仰の成立、反ユダヤ主義の台頭など、西洋名画に隠された衝撃の歴史を読む。

美術で読み解く　聖人伝説　秦剛平

聖人100人以上の逸話を収録する『黄金伝説』は、中世以降のキリスト教美術の典拠になった。絵画・彫刻と対照させつつ聖人伝説を読み解く。

イコノロジー研究(上)　エルヴィン・パノフスキー　浅野徹ほか訳

芸術作品を読み解き、その背後の意味と歴史的意識を探求する図像解釈学。人文諸学に汎用されるこの方法論の出発点となった記念碑的名著。

イコノロジー研究(下)　エルヴィン・パノフスキー　浅野徹ほか訳

上巻の、図像解釈学の基礎論的「序論」と「盲目のクピド」等各論に続き、下巻は新プラトン主義と芸術作品の相関に係る論考に詳細な索引を収録。

〈象徴形式《シンボル》〉としての遠近法　エルヴィン・パノフスキー　木田元監訳　川戸れい子／上村清雄訳

透視図法は視覚とは必ずしも一致しない。それはいわばシンボル的な形式なのだ――。世界表象のシステムから解き明かされる、人間の精神史。

見るということ　ジョン・バージャー　飯沢耕太郎監修　笠原美智子訳

写真の登場で、人間は膨大なイメージに取り囲まれ、歴史や経験との対峙を余儀なくされた。見るという行為そのものに肉迫した革新的美術論集。

イメージ　ジョン・バージャー　伊藤俊治訳

イメージが氾濫する現代、「ものを見る」とはどういう意味をもつか。美術史上の名画と広告とを等価に扱い、見ること自体の再検討を迫る名著。

名画とは何か　ケネス・クラーク　富士川義之訳
西洋美術の碩学が厳選した約40点を紹介。なぜそれらは時代を超えて感動を呼ぶのか。アートの本当の読み方がわかる極上の手引。（岡田温司）

官能美術史　池上英洋
西洋美術に溢れるエロティックな裸体たち。そこにはどんな謎が秘められているのか？　カラー多数！200点以上の魅惑的な図版から読む珠玉の美術案内。

残酷美術史　池上英洋
魔女狩り、子殺し、拷問、処刑——美術作品に描かれた身の毛もよだつ事件の数々。カラー多数。200点以上の図版が人間の裏面を抉り出す！

美少年美術史　池上英洋／川口清香
神々や英雄たちを狂わせためくるめく同性愛の世界。芸術家を虜にしたその裸体。カラー含む200点以上の美しい図版から学ぶ、もう一つの西洋史。

美少女美術史　池上英洋／荒井咲紀
幼く儚げな少女たち。この世の美を結晶化させたその姿に人類のどのような理想と欲望の歴史が刻まれているのか。カラー多数、200点の名画から読む。

グレン・グールドは語る　グレン・グールド／ジョナサン・コット　宮澤淳一訳
独創的な曲解釈やレパートリー、数々のこだわりにより神話化された天才ピアニストが、最高の聞き手を相手に自らの音楽や思想を語る。新訳。

俺の人生まるごとスキャンダル　フリードリヒ・グルダ　田辺秀樹訳
自らの演奏、同時代のピアニスト、愛弟子アルゲリッチ、ピアノメーカーの音色等々、20世紀を代表する巨匠が、歯に衣着せず縦横無尽に語る！

造形思考（上）　パウル・クレー　土方定一／菊盛英夫／坂崎乙郎訳
クレーの遺した膨大なスケッチ、草稿のなかからバウハウス時代のものを集成。独創的な作品はいかにして生まれたのか、その全容を明らかにする。

造形思考（下）　パウル・クレー　土方定一／菊盛英夫／坂崎乙郎訳
運動・有機体・秩序。見えないものに形を与え、目に見えるようにするのが芸術の本質だ。ベンヤミンをも虜にした彼の思想とは。（岡田温司）

〈日本美術〉誕生　佐藤道信

「日本美術」は明治期、「絵画」他多くの用語とともに産みだされた概念だ。近代国家として出発した時代の思想と機構に切り込む先鋭的書。（北澤憲昭）

絵画空間の哲学　佐藤康邦

ルネッサンスが生みだした遠近法。東洋や日本の表現とも比較しつつ、絵画技法という枠を超え、その真の世界観的意義を掬いだす。（小田部胤久）

グレン・グールド　孤独のアリア　ミシェル・シュネデール　千葉文夫訳

鮮烈な衝撃を残して二〇世紀を駆け抜けた天才ピアニストの生と死と音楽を透明なタッチで描く、最もドラマティックなグールド論。（岡田敦子）

民藝の歴史　志賀直邦

モノだけでなく社会制度や経済活動にも美しさを求めた柳宗悦の民藝運動。「本当の世界」を求める若者達のよりどころとなった思想を、いま振り返る。

シェーンベルク音楽論選　アーノルト・シェーンベルク　上田昭訳

十二音技法を通して無調音楽へ――現代音楽への扉を開いた作曲家・理論家が、自らの技法・信念・つきあげる表現衝動に向きあう。（岡田暁生）

20世紀美術　高階秀爾

混乱した二〇世紀の美術を鳥瞰し、近代以降、現代すなわち同時代の感覚が生み出した芸術が、われわれにとって持つ意味を探る。増補版、図版多数。

世紀末芸術　高階秀爾

伝統芸術から現代芸術へ。19世紀末の芸術運動には既に抽象芸術や幻想世界の探求が萌芽していた。新時代への美の冒険を捉える。（鶴岡真弓）

鏡と皮膚　谷川渥

「神話」という西洋美術のモチーフをめぐり、芸術の認識論的隠喩として二つの表層を論じる新しい身体論・美学。鷲田清一氏との対談収録。

肉体の迷宮　谷川渥

あらゆる芸術表現を横断しながら、捩れ、歪み、時には傷つき、さらけ出される身体と格闘した美術作品を論じる著者渾身の肉体表象論。（安藤礼二）

バルトーク音楽論選　ベーラ・バルトーク　伊東信宏／太田峰夫訳

中・東欧やトルコの民俗音楽研究、同時代の作曲家についての批評など計15篇を収録。作曲家バルトークの多様な音楽活動に迫る文庫オリジナル選集。

古伊万里図鑑　秦秀雄

魯山人に星岡茶寮を任され柳宗悦の蒐集に一役買った稀代の目利き秦秀雄による究極の古伊万里鑑賞案内。限定五百部の稀覯本を文庫化。（勝見充男）

新編 脳の中の美術館　布施英利

「見る」に徹する視覚と共感覚に訴える視覚。ヒトの二つの視知覚形式から美術作品を考察する、芸術論へのまったく新しい視座。（中村桂子）

秘密の動物誌　フォンクベルタ／フォルミゲーラ　荒俣宏監修　管啓次郎訳

光る象、多足蛇、水面直立魚——謎の失踪を遂げた動物学者によって発見された「新種の動物」とは。世界を騒然とさせた驚愕の書。（茂木健一郎）

ブーレーズ作曲家論選　ピエール・ブーレーズ　笠羽映子編訳

現代音楽の巨匠ブーレーズ。彼がバッハ、マーラー、ケージなど古今の名作曲家を個別に考察した音楽論14篇を集めたオリジナル編集。

図説 写真小史　ヴァルター・ベンヤミン　久保哲司編訳

写真の可能性と限界を考察し初期写真から同時代の作品まで通観した傑作エッセイ「写真小史」と、関連の写真図版・評論を編集。（金子隆一）

フランシス・ベイコン・インタヴュー　デイヴィッド・シルヴェスター　小林等訳

二十世紀を代表する画家ベイコンが自身について語った貴重な対談録。制作過程や生い立ちのことなど。『肉への慈悲』の文庫化。（保坂健二朗）

ニューメディアの言語　レフ・マノヴィッチ　堀潤之訳

新旧メディアの連続と断絶。犀利な視線でニューメディアの論理を分析し、視覚文化の変貌を捉える。マクルーハン以降、最も示唆に富むメディア史。

花鳥・山水画を読み解く　宮崎法子

中国絵画の二大分野、山水画と花鳥画。そこに託された人々の思いや夢とは何だったのか。豊饒な作品世界を第一人者が案内する。サントリー学芸賞受賞。

ロシア・アヴァンギャルド　水野忠夫

旧体制に退場を命じるごとく登場し、社会主義革命と同調、スターリン体制のなかで終焉を迎えた芸術運動。現代史を体現したその全貌を描く。（河村彩）

日本の裸体芸術　宮下規久朗

日本人が描いた、日本人の身体とは？　さまざまなテーマを自在に横断しつつ、裸体への視線と表現の近代化をたどる画期的な美術史。（木下直之）

理想の書物　ウィリアム・モリス　W・S・ピータースン編　川端康雄訳

近代デザインの祖・モリスは晩年に、私家版印刷所を設立し、徹底した理想の本作りを追究する。書物芸術を論じた情熱溢れるエッセイ講演集。

紋章学入門　森護

紋章の見分け方と歴史がわかれば、ヨーロッパの文化がわかる！　基礎から学べて謎解きのように面白い紋章学入門書。カラー含む図版約三百点を収録。

音楽機械論　吉本隆明　坂本龍一

思想界・音楽界の巨人たちによるスリリングな文化談義。時代の転換点を捉えた記念碑的対談。文庫版特別インタビューを収録。

リヒテルは語る　ユーリー・ボリソフ　宮澤淳一訳

20世紀最大の天才ピアニストの遺した芸術的創造力の横溢。音楽の心象風景、文学や美術、映画への連想がいきいきと語られる。「八月を想う貴人」を増補。

イタリア絵画史　ロベルト・ロンギ　和田忠彦／丹生谷貴志／柱本元彦訳

現代イタリアを代表する美術史家ロンギ。本書は絵画史の流れを大胆に論じ、若き日の文化人達に大きな影響を与えた伝説的講義録である。（岡田温司）

歌舞伎　渡辺保

伝統様式の中に、時代の美を投げ入れて生き続けてきた歌舞伎。その様式のキーワードを的確簡明に解説した、見巧者をめざす人のための入門書。

マニエリスム芸術論　若桑みどり

カトリック的世界像と封建体制の崩壊により、観念の転換を迫られた一六世紀。不穏な時代のイメージの創造と享受の意味をさぐる刺激的芸術論。

ちくま学芸文庫

ハリウッド映画《えいが》史《し》講義《こうぎ》　翳《かげ》りの歴史《れきし》のために

二〇一七年十一月十日　第一刷発行
二〇二四年十月二十日　第三刷発行

著者　蓮實重彦（はすみ・しげひこ）

発行者　増田健史
発行所　株式会社　筑摩書房
東京都台東区蔵前二―五―三　〒一一一―八七五五
電話番号　〇三―五六八七―二六〇一（代表）
装幀者　安野光雅
印刷所　信毎書籍印刷株式会社
製本所　株式会社積信堂

ISBN978-4-480-09828-3 C0174